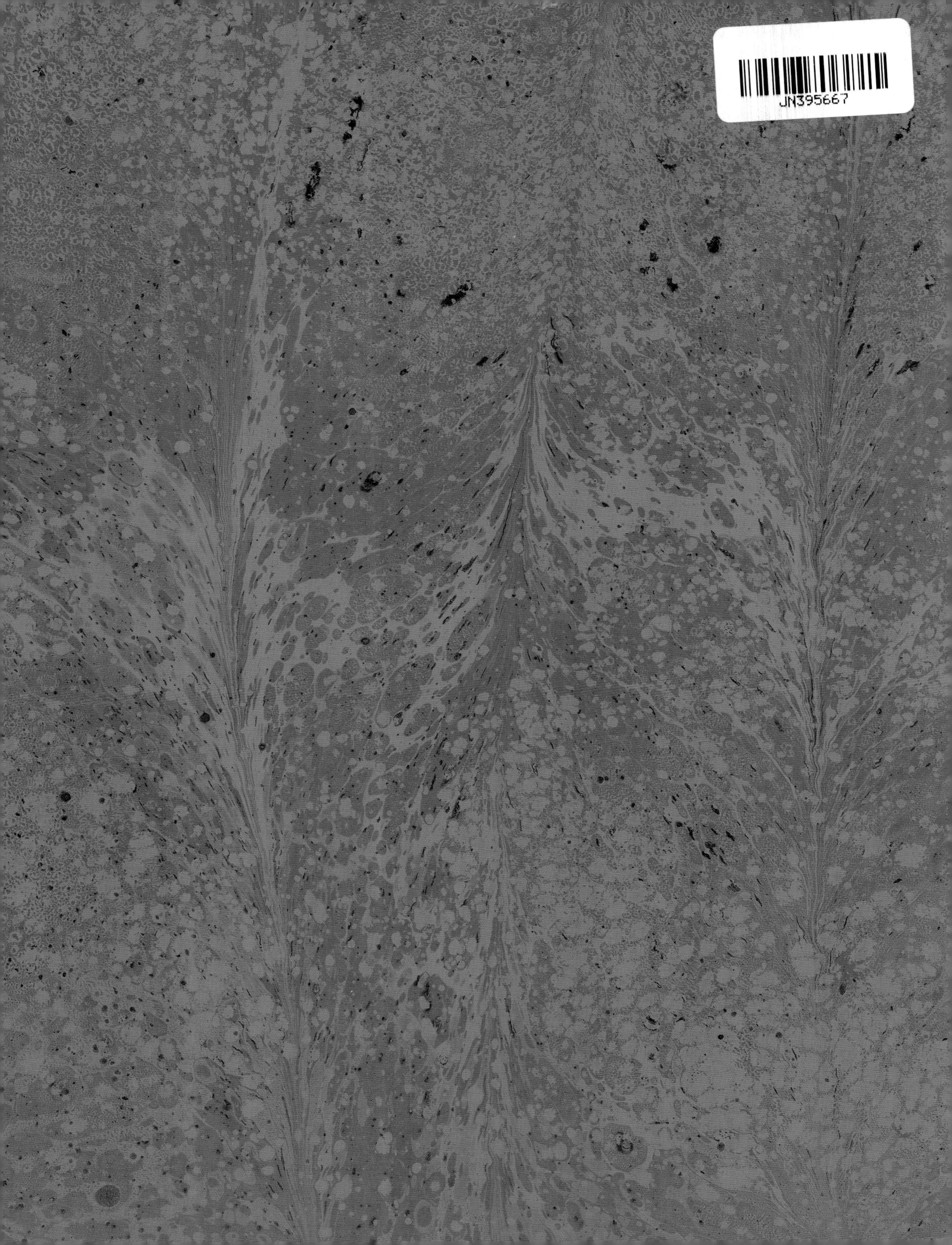

글_프랑수아 라세르 François Lasserre
작가이자 교육자예요. 곤충환경보호사무국(OPIE)과 자연과 환경 교육을 이끄는
그렌 일 드 프랑스(GRAÎNE IdF)의 회원으로 활동하면서, 인간의 삶에 긍정적인 영향을 미치는
곤충의 중요성을 알리기 위해 노력하고 있어요.

그림_안 드 앙젤리스 Anne de Angelis
리옹 에밀 콜 학교를 졸업하고 일러스트레이터, 그래픽 디자이너, 웹 디자이너로 활동하고 있어요.
첫 작품인 『신비로운 곤충 박물관』 덕분에 동물과 식물의 매력에 푹 빠졌어요.

옮긴이_권지현
한국외대 통역번역대학원과 파리 통번역대학원에서 번역을 공부했고, 지금은 이화여대 통역번역대학원에서
번역을 가르쳐요. 어렸을 때부터 책을 좋아했고, 지금도 보물찾기처럼 외국의 좋은 그림책을 찾아내서
번역하는 일이 가장 좋아요. 그동안 옮긴 책으로는 『가장 작은 거인과 가장 큰 난쟁이』, 『강물이 이야기』,
『아나톨의 작은 냄비』, 『어느 날 길에서 작은 선을 주웠어요』, 『레몬 트리의 정원』, 『거짓말』 등이 있어요.

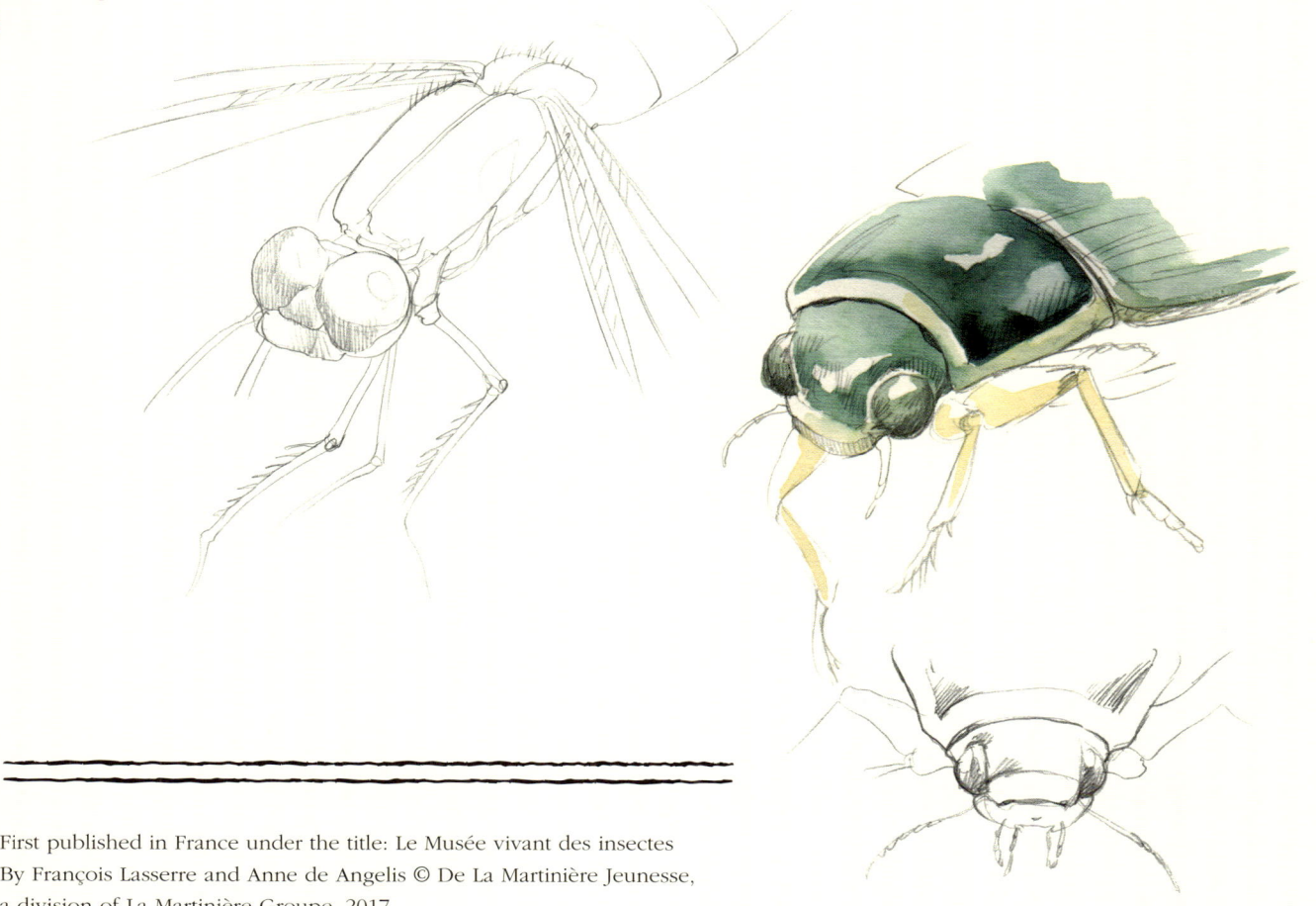

First published in France under the title: Le Musée vivant des insectes
By François Lasserre and Anne de Angelis © De La Martinière Jeunesse,
a division of La Martinière Groupe, 2017

Korean Translation © Must B Publishing
Arranged through Icarias Agency, Seoul.

이 책의 한국어판 저작권은 Icarias Agency를 통해 De La Martinière Jeunesse와 독점 계약한 머스트비에 있습니다.
저작권법에 의하여 한국 내에서 보호를 받는 저작물이므로 무단 전재와 복제를 금합니다.

신비로운 곤충 박물관

초판 1쇄 발행 2018년 3월 10일 3쇄 발행 2024년 12월 31일

글 프랑수아 라세르 ┃ 그림 안 드 앙젤리스 ┃ 옮긴이 권지현
펴냄 박진영 ┃ 편집 김가람 ┃ 디자인 새와나무 ┃ 펴낸곳 머스트비
등록 2012년 9월 6일 제406-2012-000154호 ┃ 주소 경기도 파주시 심학산로 12 302호
전화 031-902-0091 ┃ 팩스 031-902-0920 ┃ 이메일 mustb0091@naver.com

ISBN 979-11-6034-053-2 73490

이 도서의 국립중앙도서관 출판예정도서목록(CIP)은 서지정보유통지원시스템 홈페이지(http://seoji.nl.go.kr)와
국가자료공동목록시스템 (http://www.nl.go.kr/kolisnet)에서 이용하실 수 있습니다.(CIP제어번호: CIP2018002263)

 품명: 신비로운 곤충 박물관 ┃ 제조자명: 머스트비 ┃ 주소: 경기도 파주시 심학산로 12 302호
연락처: 031-902-0091 ┃ 제조년월: 2018년 3월 ┃ 제조국: 대한민국 ┃ 사용연령: 8세 이상
취급상 주의사항 ┃ 종이에 베이지 않도록 주의하세요. 책의 모서리가 날카로우니 던지거나 떨어뜨려 다치지 않도록 주의하세요.
KC마크는 이 제품이 공통안전기준에 적합하였음을 의미합니다.

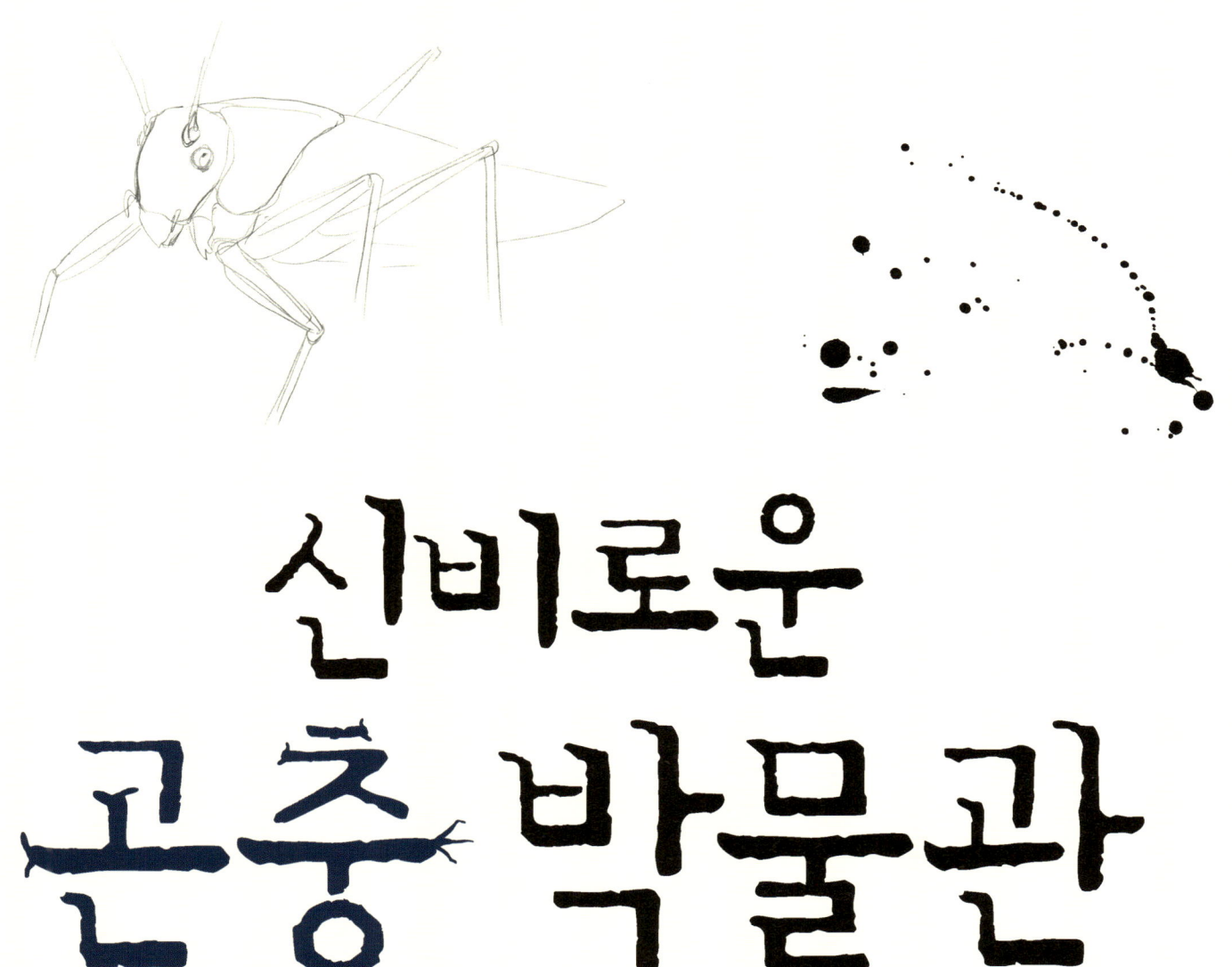

신비로운
곤충 박물관

프랑수아 라세르 글 · 안 드 앙젤리스 그림 · 권지현 옮김

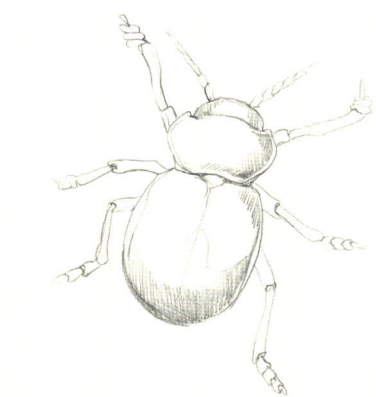

머스트비

곤충 박물관

곤충 박물관의 관장님은 곤충을 정말 사랑해요. 어느 날, 관장님은 박물관에 있는 곤충들을 모두 뒤섞어 놓았어요. 분류, 순서, 계열을 모두 무시하고요.

그 대신에 돋보기를 들고 풀숲에 누웠던 어린 시절을 떠올리며 곤충을 다시 분류했어요. 그때는 어른들이 보지 못했던 것들을 많이 볼 수 있었어요. 곤충들이 가진 몸의 특징, 생활 습관, 주변 환경에 대한 반응 등은 참 놀라웠어요. 관장님은 지금도 그런 것들이 놀라워요. 그러니 여러분도 놀랄 거예요.

자, 그럼 이제 출발할까요? 관장님과 함께 새로 분류된 곤충들을 만나 보러 말이에요. 관장님은 어떤 곤충들을 골라서 전시해 놓았을까요?

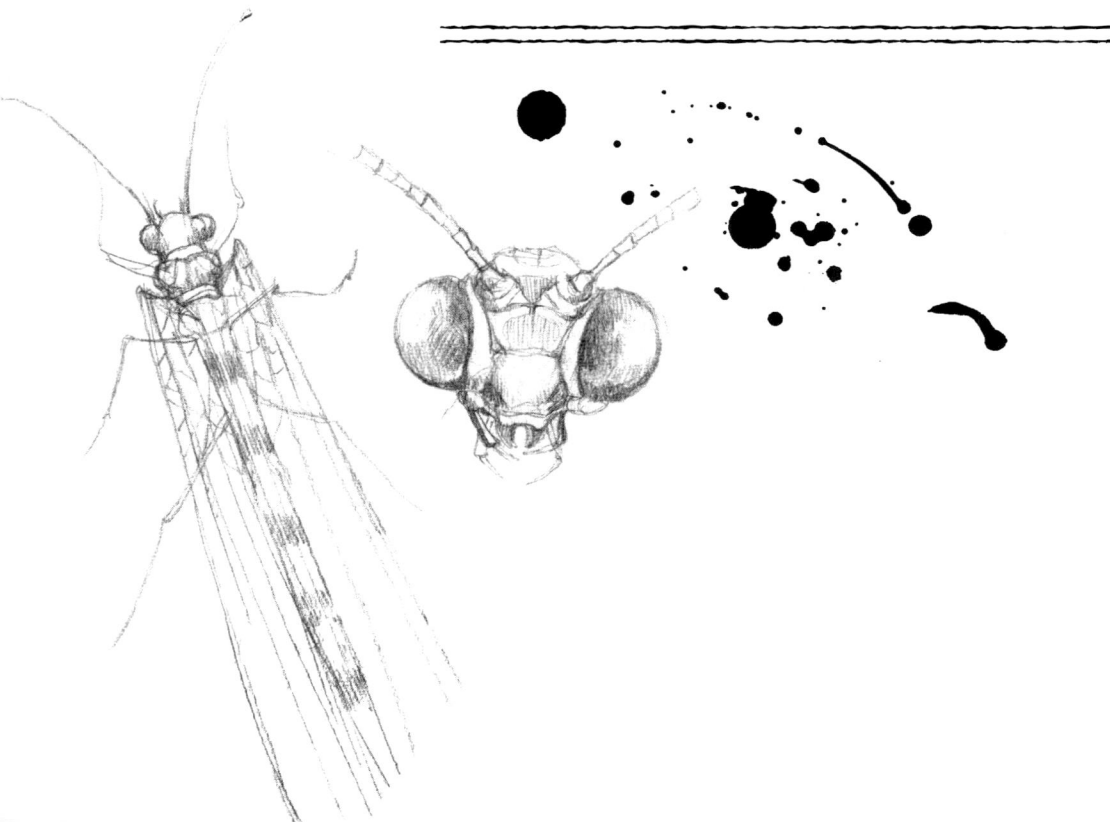

박물관에 온 것을 환영해요!

저는 오랫동안 곤충을 관찰하고 공부했어요. 오늘은 신기한 곤충들을 소개할까 해요. 곤충 전문가로서 살아온 저에게 가장 기억에 남는 곤충들이랍니다. 사람들은 저를 곤충학자라고 불러요. 하지만 여러분은 저를 '벌레를 연구하는 사람'이라고 불러 주면 좋겠어요. 저는 곤충학자보다 정겨운 이름이 좋거든요. 저에게 더 잘 어울리는 것 같지 않나요?
여섯 개의 다리를 가진 생명체들로 가득한 저의 박물관에 온 것을 환영해요.
참, 내 정신 좀 봐! 이곳에는 다리가 여덟 개인 생명체도 있어요.
누구나 벌벌 떨게 만드는 거대한 집거미 말이에요. 하지만 막상 전시실을 둘러보면 작은 곤충들은 아주 순해서 우리의 영원한 친구가 될 거라는 걸 알 수 있을 거예요.

변신의 천재

이곳은 특별한 전시실이에요. 다른 곤충의 모습을 흉내 낼 수 있는 곤충들이 모여 있거든요. 그 곤충들은 꼭 변장을 한 것 같아요. 곤충이 누군가를 속일 수 있다는 걸 알았을 때, 저는 큰 충격을 받았어요. 하지만 변신하는 모습이 신기해서 곧 괜찮아졌어요. 나뭇가지인가? 앗, 대벌레잖아! 낙엽인가? 앗, 나비잖아! 풀숲을 살펴보면 변신한 곤충들을 많이 볼 수 있어요. 표본 상자 몇 개만 열어서 보여 줄 테니 곤충들의 놀라운 변신 비결을 알아보자고요. 그러면 어떤 곤충이 변신하는지 쉽게 알아볼 수 있을 거예요.

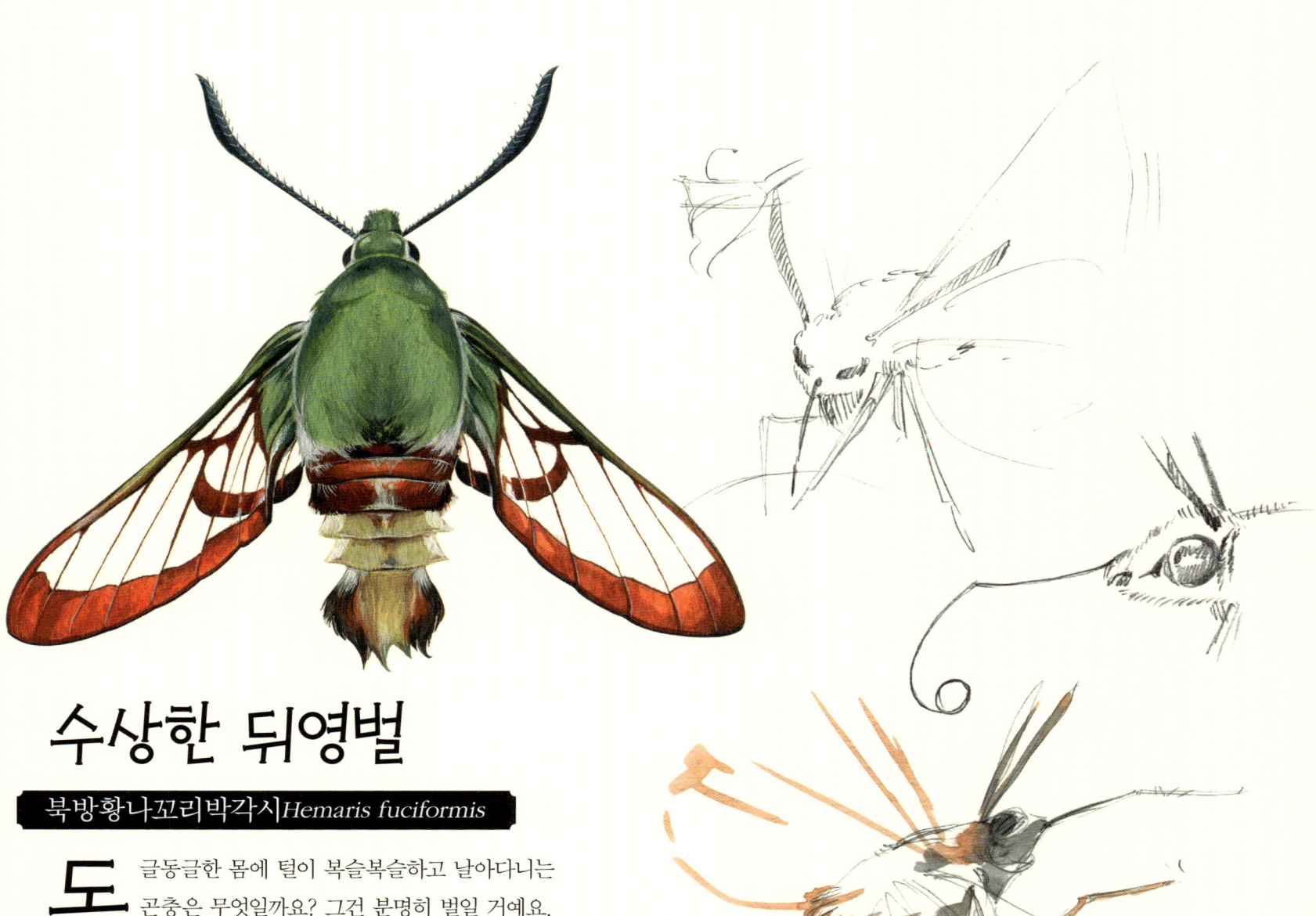

수상한 뒤영벌

북방황나꼬리박각시 *Hemaris fuciformis*

동글동글한 몸에 털이 복슬복슬하고 날아다니는 곤충은 무엇일까요? 그건 분명히 벌일 거예요. 하지만 여러분도 저처럼 함정에 빠졌을걸요. 다행히 저는 나뭇잎 뒤에 몸을 숨기고 기다렸죠. 그랬더니 나비의 긴 흡관 같은 게 길게 뻗어 나가 꽃에 꽂히는 걸 봤어요. 처음에는 아메리카에서 사는 벌새인가 했지만 그건 불가능한 일이에요. 저는 풀밭에 배를 대고 누운 채로 북방황나꼬리박각시들이 날개를 쉴 새 없이 떨며 날아다니는 모습을 보았어요. 아주 귀여운 나방이라니까요.

헬리콥터 말벌

호리꽃등에 *Episyrphus balteatus*

저는 호리꽃등에가 늘 의심스러웠어요. 헬리콥터처럼 수직으로 날아오르는 말벌인 줄 알았거든요. 그런데 어느 날 한 곤충학자가 그러더군요. "파리는 큰 눈과 작은 더듬이가 있어요. 말벌은 그 반대랍니다." 드디어 의심이 풀렸죠. 호리꽃등에는 벌이 아니라 파리였던 거예요. 이럴 수가……. 사실 파리는 변장을 많이 해요. 그래서 이렇게 노랗고 검은 파리가 아주 많죠. 호리꽃등에를 보거든 조심스럽게 손바닥 위에 올려놓으면 돼요. 물지 않거든요. 물론 그전에 잡아야 하지만 말이에요.

괴물 애벌레

나무결재주나방 *Cerura vinula*

제가 만약 벌레만큼 작았다면 아마 무서워서 죽었을지도 몰라요. 검은 눈, 커다란 입, 채찍 같은 꼬리를 가진 괴물이 바로 앞에서 산을 마구 뿌린다고 생각해 봐요. 등골이 오싹해지지 않나요? 하지만 겨우 애벌레였다는 걸 알고 나서는 조금 창피하더군요. 검은 눈도 커다란 입도 모두 가짜였어요. 그게 가짜라는 건 애벌레가 흰 나방으로 변태*할 때 알았죠. 나무결재주나방은 눈에 잘 띄지 않아요. 애벌레는 먼저 건드리지 않는 한 잘 움직이지 않거든요. 몸이 나뭇잎처럼 푸르러서 구분하기 어렵기도 하고요.

* 변태 : 곤충이 자라는 과정에서 큰 변화를 겪고 생식 능력이 있는 성체가 되는 것을 말해요.

뛰어난 수영 선수

자, 마스크를 꺼내 보아요. 이제부터 숨을 멈추고 잠수할 거거든요. 산소통을 가져가도 괜찮고요. 이 전시실에서는 물에 사는 곤충들을 소개할게요. 늪이나 시내의 밑바닥에서 사는 곤충 말이에요. 언젠가 저는 그물을 물에 넣었다가 들어 올렸을 때 깜짝 놀랐어요. 벌레들이 아주 많이 잡혔거든요. 제가 잡은 게 뭔지 아예 모르겠더군요. 무서운 괴물일까요? 아니에요, 파란 잠자리의 애벌레였어요. 용수철이 달린 튜브일까요? 아니에요, 모기 애벌레였죠. 거미일까요? 아니에요, 소금쟁이였어요. 여러분도 박물관을 나서면서 진흙을 뒤져 보아요. 앗, 조심해요! 깜짝 놀랄지도 모르니까요.

잠수부

배물방개붙이 Dytiscus marginalis

아주 오래전에 할아버지께서 말씀하셨어요. "물방개가 어디서 온 말인지 아니? 그리스어 '두티코스'에서 왔단다. 두티코스는 '잠수부'라는 뜻이야." 물론 저는 그게 무엇을 의미하는지 몰랐죠. 그런데 얼마 뒤에 늪가에 앉았다가 배물방개붙이를 보고 얼마나 놀랐는지 몰라요. 가까이 다가가니 갑자기 물속으로 쏙 잠수를 하고, 신기하게도 딱지날개에 공기를 채워 넣고 다니더라고요. 마치 산소통을 메고 물에 뛰어드는 잠수부 같았어요. 배물방개붙이는 몇 시간 동안이나 몸을 숨기고 사냥감을 구해요. 착하게 생겼다고 방심하지 말아요. 배물방개붙이는 가까이 지나가는 먹잇감을 한참이나 뒤쫓을 수 있는 포식자*거든요.

* 포식자 : 다른 동물을 먹이로 하는 동물을 말해요.

거꾸로 매달린 송장

송장헤엄치개 *Notonecta glauca*

"송장이라고요?" 저도 그런 질문을 했었어요. 참 희한한 이름이죠? 시체처럼 거꾸로 누워 헤엄친다고 해서 그런 이름이 붙었다고 해요. 고개를 살짝 돌려 보면 정말 물 밑에 거꾸로 매달려 있다는 것을 알 수 있어요. 수면 바로 아래에 붙어서 공기를 들이마신 다음에 노처럼 생긴 다리를 움직여 신선한 먹잇감을 구하러 떠나곤 하죠. 예전에 손가락으로 송장헤엄치개를 집었다가 날카로운 입에 찔린 적이 있어요. 독이 있는 것은 아니지만 깜짝 놀랄 수밖에 없었어요. 모기 애벌레나 찌르지 왜 하필 저를 찔렀을까요?

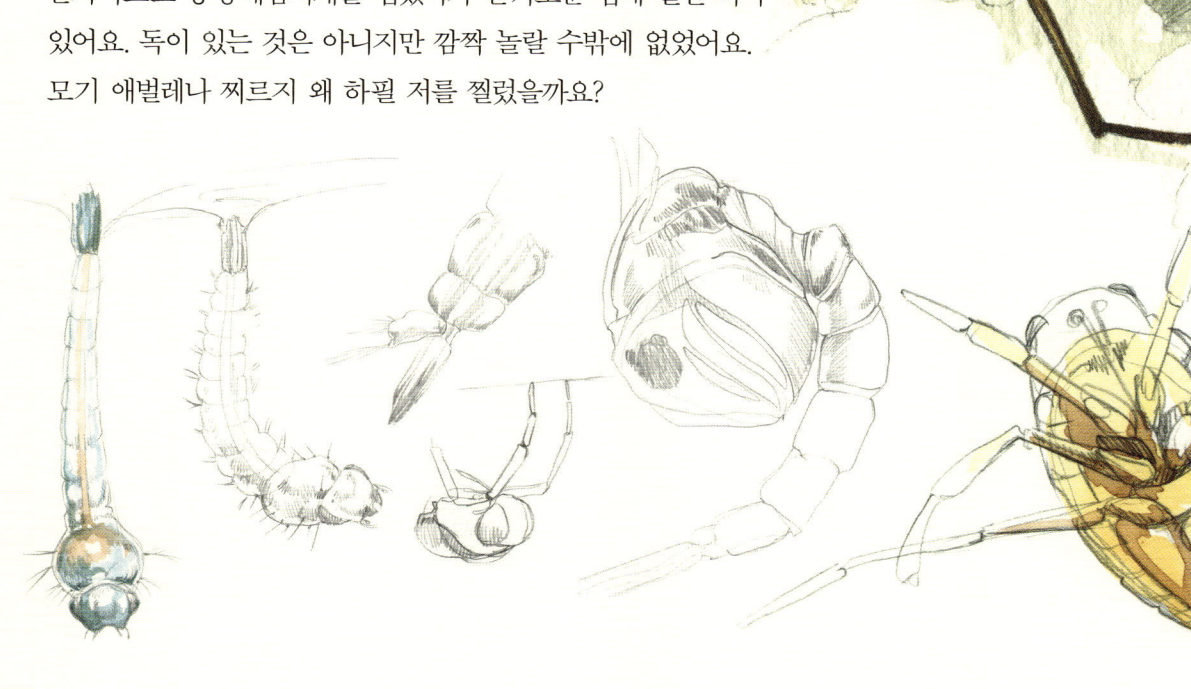

스케이트 선수

소금쟁이 *Gerris sp.*

맞아요, 소금쟁이는 다리가 여섯 개예요. 다리가 여덟 개인 거미인 줄 알았나요? 저도 처음에는 그랬어요. 하지만 다시 잘 세어 봐요. 분명히 여섯 개가 맞죠? 그러니까 소금쟁이는 곤충이에요. 게다가 썩은 고기를 먹는 포식자죠. 소금쟁이는 물 위에서 미끄러지듯이 이동해요. 물에 빠지지 않게 해 주는 털이 있기 때문이에요. 말하자면 스케이트인 셈이죠.
다리 끝을 자세히 보아요. 그리고 입도요. 소금쟁이는 뾰족한 입을 먹잇감에 찔러 넣고 속을 빨아 먹어요. 으아악! 무섭죠?

뛰어난 수영 선수

무시무시한 괴물

잠자리 애벌레 *Odonata*

솔직히 말하면 이것이 무엇인지 깨닫기까지 시간이 좀 걸렸어요. 깊은 바다에 사는 괴물처럼 무섭게 생긴 애벌레가 파란 잠자리, 초록 잠자리, 빨간 잠자리로 아름답게 변신할 줄 누가 알았겠어요? 생물 선생님과 부모님이 원망스러웠어요. 왜 저에게 아무것도 가르쳐 주지 않았을까요? 잠자리 애벌레는 일 년에 한 번, 때로는 두세 번 정도만 물에서 나와 자기 모습을 드러내요. 어느 날, 저는 강둑에 누워 하늘을 바라보다가 갈대 위에 앉은 잠자리 애벌레를 발견했어요. 그런데 속이 텅 비어 있지 뭐예요. 어른벌레가 된 잠자리가 아무도 모르게 껍질을 벌리고 나온 거예요. 마법 같죠?

용수철 달린 튜브
모기 애벌레 *Culicidae*

밭에서 노는 소들을 구경하던 어느 오후였어요. 소들이 물을 먹는 웅덩이에 튜브 같은 것들이 윙윙 날아다니더군요. 지탱해 주는 줄도 없는데 위아래로 올라갔다가 내려갔다가 하는 엘리베이터 같았어요. 그런데 가까이 가서 관찰해 보니 튜브가 아니었어요. 다리가 없고 털이 난 작은 애벌레들이 거꾸로 서 있었죠. 조금만 더 기다렸다면 애벌레가 물 밑에서 번데기가 되어 꿈틀거리다가 날개를 단 모기로 태어나는 걸 볼 수도 있었을 거예요.

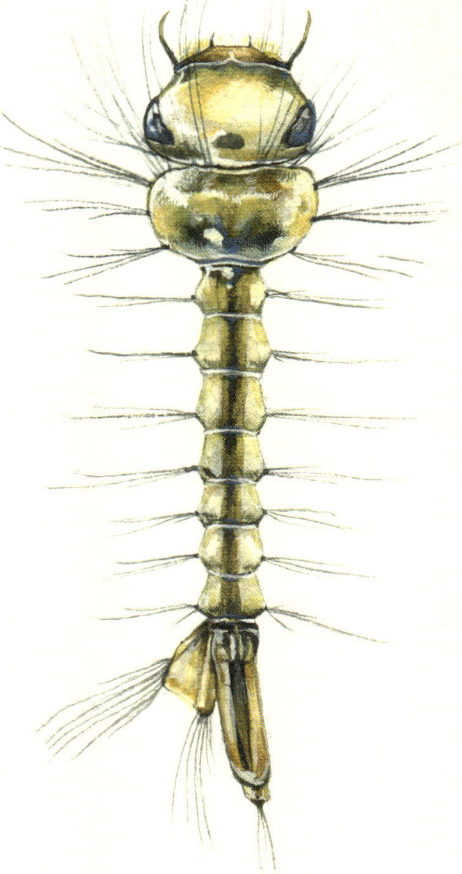

훌륭한 성악가

귀를 기울여 봐요. 이 전시실에서는 곤충들이 찌르륵찌르륵 노래해요. 그런데 왜 이렇게 많은 소리가 날까요? 설마 오케스트라인가요? 맞아요. 이제 여러분은 조금 특별한 공연장으로 들어갈 거예요. 활, 긁개, 심벌즈, 갈퀴는 여름이 되어 음악가 곤충들이 돌아왔다는 것을 알려 준답니다.

이렇게 곤충들이 노래하는 건 큰 소리로 영역을 표시하거나 구애를 하기 위해서예요.

테너

왕귀뚜라미 *Gryllus campestris*

왕귀뚜라미가 도시를 좋아한다고요? 아니에요. 오히려 끔찍이 싫어하죠. 왕귀뚜라미는 조용한 시골을 좋아해요. 하지만 제가 나타나면 왕귀뚜라미는 조용히 지낼 수 없어요. 왕귀뚜라미가 땅속으로 들어가면 저는 꺼내고 싶어 안달이 나거든요. 꺼내는 방법은 아주 간단해요. 풀대 하나를 천천히 땅속 집 안으로 넣으면 왕귀뚜라미가 깡충 올라타거든요. 똑같이 해 보고 싶다고요? 마음 단단히 먹어요. 왕귀뚜라미가 생각보다 커서 놀랄지도 모르니까요. 그래도 땅속 집 앞에서 노래를 하고 있는 왕귀뚜라미는 건드리지 않아요. 그럴 때면 날개를 비비는 모습을 관찰하다가 귀뚤귀뚤 소리에 저도 모르게 스르르 잠이 들지요. 마침 낮잠 잘 시간이기도 하고요.

첼로 연주자

큰녹색수풀여치 Tettigonia viridissima

이 곤충을 자세히 살펴보아요. 여러분도 잡초 위에서 연주하고 있는 첼리스트의 매력에 푹 빠질 거예요. 특히 50미터 밖에서도 들릴 정도로 크게 울어대는 소리를 듣는다면 말이에요. 그러려면 젊은이의 귀가 필요해요. 안타깝게도 저에게는 더 이상 그런 귀가 없어서 잘 들리지 않는답니다. 특히 큰녹색수풀여치가 크게 울 수 없는 추운 밤에는 더 그렇죠. 여치의 울음소리를 잘 듣고 날개를 비비는 모습을 관찰해 봐요. 그건 여름이 다가온다는 신호예요. 모두 즐거운 방학 보내요.

심벌즈 연주자

매미 Cicada orni

자연의 소리를 녹음해서 공부하는 제 친구들이 그러는데, 매미는 가장 크게 울어대는 곤충이래요. 수컷 매미에게 귀를 대 본 적은 없지만 그러지 않는 편이 좋을 것 같아요. 제 고막이 어떻게 되겠어요? 아무튼 수컷 매미는 누군가 다가오면 울음을 멈춰요. 그래야 눈에 띄지 않고 나뭇가지에 잘 숨을 수 있거든요. 제가 살금살금 다가가 봤더니 가슴이 쿵 내려앉을 만큼 큰 사이렌 소리를 내면서 날아가 버렸어요. 매미의 작전은 성공이었어요. 얼마나 놀랐다고요.

음치

쇠똥구리 Geotrupes sp.

쇠똥구리의 먹이인 똥이 역겨웠다면 쇠똥구리가 들려주는 얘기를 절대 듣지 않았을 거예요. 하지만 말똥이나 멧돼지 똥 따위에 그만둘 제가 아니죠. 손가락 두 개로 조심스럽게 집어 올린 쇠똥구리는 푸르스름한 빛이 나는 까만 배를 드러냈어요. 아름다운 빛깔에 넋이 나간 저는 쇠똥구리를 더 가까이에서 관찰하고 싶었죠. 그런데 제가 가까이 가면 갈수록 쇠똥구리는 삐걱거리는 이상한 소리를 내더라고요. 처음에는 멀리서 들리는 소리인 줄 알았어요. 그런데 알고 보니 끼익끼익 소리를 내는 건 바로 쇠똥구리였죠. 배를 움직여 내는 날카로운 소리였어요. 그날 저는 노래하는 곤충이 귀뚜라미와 매미만 있는 게 아니라는 사실을 배웠어요. 지금은 노래하는 곤충을 많이 알아요. 아, 파리도 노래를 한답니다.

작은 거인

곤충은 몸집이 작다고요? 아뇨, 다 그렇지는 않아요. 전 세계에 매우 다양한 곤충이 살고 있으니까요. 아시아 대벌레는 몸길이가 62.4센티미터나 되어 세계 신기록을 갖고 있어요. 유럽에 사는 곤충 중에는 뾰족뒤쥐보다 큰 곤충도 있고요. 여러분도 자를 꺼내서 풀밭에 사는 작은 거인들의 몸을 직접 재 보아요.

기다란 뿔

긴뿔하늘소 *Cerambyx cerdo*

긴뿔하늘소는 몸집이 크고, 어둡고 윤기가 나요. 긴 안테나처럼 생긴 더듬이로 긁는 소리를 내지요. 어렸을 때 저는 이 곤충이 무서웠어요. 워낙 희귀하고 특이한 곤충이라서 좋아하는 사람도 있지만, 나무를 하도 갉아먹어서 싫어하는 사람도 있어요. 사실 나무를 갉아먹는 범인은 애벌레예요. 굵고 희다고 하는데, 저는 한 번도 보지 못했어요. 4년 동안이나 나무 안에 몸을 숨기고 살거든요. 자연의 수수께끼를 푸는 탐정이 되고 싶다면 비밀을 하나 가르쳐 줄게요. 긴뿔하늘소가 나오는 구멍은 동그랗지 않고 타원형이에요. 그러니 죽은 나무의 구멍을 잘 관찰해 봐요. 거기서 기다란 뿔이 빼꼼 나올지도 모르니까요.

동족을 먹는 곤충

항라사마귀 Mantis religiosa

후덜덜……. 항라사마귀는 아주 크고 희한하게 생긴 푸른 벌레예요. 키 큰 풀숲에서 항라사마귀와 딱 마주치면, 녀석이 저를 바라보는 시선에 늘 당황하곤 했죠. 항라사마귀는 수녀처럼 양손을 모으고 기도하는 자세를 하고 있어요. 하지만 항라사마귀와 함께 기도하려고 다가오는 벌레는 항라사마귀가 발만 한 번 펴면 잡아먹히고 말 거예요. 암컷은 배가 무척 고프면 짝짓기를 하다가도 수컷을 잡아먹어요. 처음에는 무시무시한 이야기로만 들렸죠. 하지만 그 만찬이 죽기 전에 알을 낳을 힘을 준다는 얘기를 들었어요. 그래도 가끔은 수컷을 살려 두기도 한대요. 항라사마귀만 동족을 잡아먹는 건 아니에요. 거미도 같은 거미를 잡아먹거든요. 맛있게 냠냠!

스테인드글라스

스페인달나방 Graellsia isabellae

스페인달나방은 나비 애호가들 사이에서는 스타로 통해요. 날개가 마치 스테인드글라스처럼 화려하고 아름답거든요. 이 나방의 학명에는 에스파냐의 여왕 이사벨 2세의 이름이 들어가 있어요. 이 거대한 나방을 직접 눈으로 본 곤충학자는 많지 않아요. 알프스산맥과 피레네산맥에 숨어 살거든요. 쉿! 아무한테도 말하지 말아요. 누군가 나방을 잡아서 핀으로 꽂아 수집 상자에 보관할지도 모르니까요. 스페인달나방은 점점 사라지고 있기 때문에 수집하면서 동시에 보호할 수는 없답니다.

작은 거인

하늘을 나는 연

유럽사슴벌레 *Lucanus cervus*

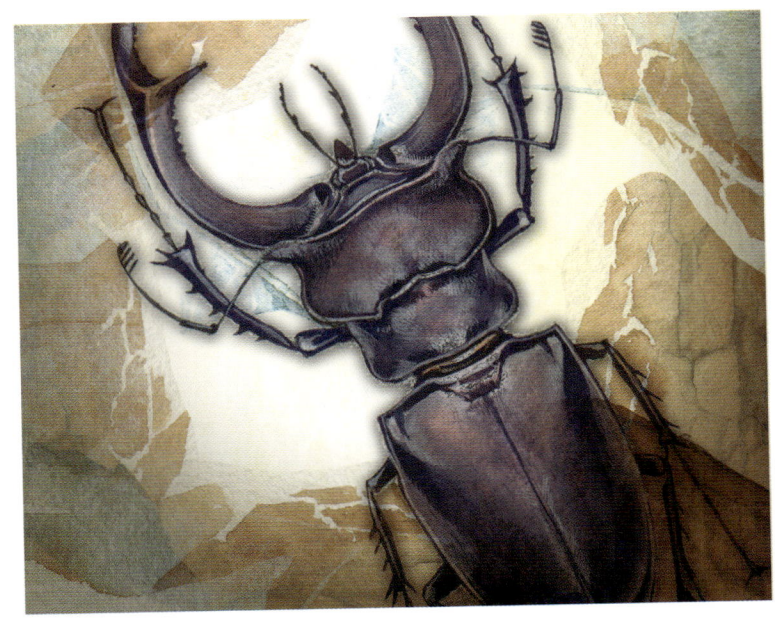

유럽사슴벌레의 큰 뿔이 꼭 사슴뿔을 닮은 것 같지 않나요? 사실 이 뿔은 수컷의 턱이에요. 무는 힘이 아주 세지요. 제가 직접 손가락을 물려 봐서 알아요. 여러분은 시험해 볼 생각도 하지 말아요. 강하고 단단한 뿔은 암컷을 유혹하거나 다른 수컷과 싸울 때 사용해요. 진짜 사슴처럼 말이냐고요? 그렇다고 할 수 있죠. 그런데 누가 누구를 따라한 걸까요? 곤충이 지구에 더 오래 살았으니까 저는 답을 알 것 같네요. 게다가 유럽사슴벌레의 몸집을 보아요. 딱정벌레목에서 가장 크거든요. 해 질 녘에 훨훨 날아다니는 유럽사슴벌레를 만나면 저는 항상 가슴이 벅차요. 여러분도 그런 행운을 누리기를 바라요.

늠름한 군인

이 전시실은 중세 시대의 요새와 비슷해요. 기사들이 무기와 갑옷을 자랑스럽게 전시하던 곳 말이에요. 단검, 창, 강철 턱은 모두 적이나 먹잇감을 무찌르고 부수는 데 쓰이죠. 이 전시실에 소개된 곤충들은 겉보기에는 순해 보이지만 비밀 무기를 가지고 있답니다. 가까이 가면 먹잇감이든 먹잇감을 잡아먹는 동물이든 안전하지 않아요. 그러니까 찔리고 물리지 않도록 조심해요.

전투기

말벌 Vespa crabro

솔직히 말하면 저는 말벌의 팬이에요. 팥처럼 생긴 붉은 눈과 빨갛고 검고 노란색으로 물든 큰 몸집이 아주 아름답거든요. 도대체 왜 사람들이 말벌을 미워하는지 모르겠어요. 말벌이 얼마나 겁이 많은데요. 전투기처럼 어찌나 빨리 도망가는지 잠자리채를 써도 못 잡겠더라고요. 말벌은 공중에서 가장 빨리 움직이는 곤충이에요. 말벌에게 쏘이는 일은 거의 없지만, 쏘여도 알레르기만 없다면 괜찮아요. 물론 조금 아프긴 하겠지만요. 오히려 꿀벌에게 쏘일 때가 더 아파요. 말벌을 잘 관찰해 봐요. 먹잇감을 뒤쫓고 꽃의 수분*을 돕는 말벌의 멋진 공연을 공짜로 구경해요.

*수분 : 바람, 곤충, 새 등에 의해 꽃가루가 한 꽃에서 다른 꽃으로 옮겨지는 일을 말해요.

가짜 전갈

유럽대왕반날개 Ocypus olens

유럽대왕반날개의 까만 몸집은 크고 통통해요. 으으으…… 벌레를 무서워하지는 않지만, 마당에서 유럽대왕반날개를 처음 발견했을 때에는 좀 겁이 났어요. 한동안 꼼짝 않고 있다가 더 가까이에서 관찰하려고 다가갔는데, 오히려 녀석이 겁을 집어먹었나 봐요. 저를 찌르기라도 할 듯 꼬리를 치켜들고 턱을 크게 벌리더라고요. 정말 물릴 것 같아서 저는 뒷걸음치며 할아버지를 불렀죠. 할아버지는 껄껄 웃으셨어요. 곤충이 순하다는 걸 아실 뿐만 아니라 유럽대왕반날개는 물거나 쏘지 않는다는 걸 아셨기 때문이에요. 꼬리를 치켜든 유럽대왕반날개는 아주 위협적인데, 그럴 때 불쾌한 냄새까지 풍겨요. 그러면 적은 '걸음아 나 살려라!' 하고 도망가 버리죠. 제가 눈으로 직접 봤다니까요. 강력한 무기가 있으니 당연한 일이겠지요?

독가스 살포기

폭격기딱정벌레 Brachinus crepitans

폭격기딱정벌레가 저에게 바람을 쐈어요. 진짜로요. 팡 터지는 소리를 내면서 제 얼굴에 독가스 구름을 치이익 뿌렸다니까요? 나중에 알고 보니 그건 정교한 화학 방어 무기였어요. 적을 향해 배를 내밀고 쏘면, 뜨거운 독성 액체가 작은 구름처럼 발사돼요. 폭격기딱정벌레, 정말 어마어마하지요? 그러니까 가까이 가면 안 돼요.

늠름한 군인

로켓 벌레

그린타이거비틀 *Cicindela campestris*

만약 여러분이 곤충이라면 그린타이거비틀을 만났을 때에는 빨리 도망가는 게 상책이에요. 사실 소용은 없지만 말이에요. 그린타이거비틀이 한 번 쳐다봤다 하면 다 끝장이거든요. 사바나 초원을 내달리는 치타처럼 빠르고, 로켓처럼 전속력으로 날아오를 수 있으니까요. 다행히 여러분은 곤충이 아니니까 가까이 다가가서 살펴볼 수 있어요. 드라큘라도 울고 갈 만큼 무섭게 생기지 않았나요? 뾰족하고 기다란 이빨과 무서운 눈빛을 보면 왠지 늘 겁이 나더라고요. 하지만 자세히 보면 아름답기까지 해요. 아마 여러분도 그렇게 느낄걸요?

날개 달린 곤충

날개는 곤충의 특징 중 하나예요. 곤충이 아닌 거미나 지네는 날개가 없어요. 그런데 곤충 중에도 날개가 없는 것들이 있긴 해요. 머릿니처럼 진화하는 과정에서 날개가 없어진 곤충도 있고요. 이 전시실에 있는 곤충처럼 날개가 두 개인 것도 있고, 네 개까지 달린 곤충도 있답니다.

자바 더 헛의 함정
명주잠자리 *Distoleon sp.*

앗, 조심해요! 심장이 약하다면 이 이야기는 건너뛰어요. 명주잠자리의 애벌레는 어른벌레로 자라기 전에, 모래 속에 깔때기처럼 생긴 교묘한 함정을 파 놓아요. 그리고 나서 그 안에 숨어서 벌레가 구멍 속으로 쏙 떨어질 때까지 기다리고 또 기다리죠. 벌레가 걸려들면 애벌레는 숨겨 놓았던 비장의 무기를 꺼내요. 바로 먹잇감에게 모래를 던지는 거예요. 그러면 먹잇감은 구멍으로 금세 떨어지고, 애벌레는 벌리고 있던 뾰족한 턱을 턱! 닫아 버린답니다. 애벌레가 파 놓은 구멍에 떨어진 개미 신세는 정말이지 되고 싶지 않네요. 이 함정은 영화에도 영감을 주었어요. 〈스타워즈 에피소드4〉에서 루크와 한 솔로가 자바 더 헛의 병사들이 파 놓은 커다란 구덩이에 빠졌거든요.

땅꼬마
꽃부니호박벌Bombus terrestris

저는 꿀벌 가족 중에서 꽃부니호박벌이 가장 좋아요. 아주 용감한 벌이거든요. 들쥐가 파 놓았던 굴에 몰래 들어가 사는 걸 좋아할 만큼요. 조그만 꽃부니호박벌은 지하에 사는 수염이 북슬북슬 난 동화 속 사람들이나 전설에 나오는 난쟁이를 닮았어요. 그런 동화와 전설은 분명히 곤충한테서 영향을 받았을 거예요. 꽃부니호박벌이 재미있는 건 누구나 좋아할 만한 외모를 가졌지만, 톡 쏘는 벌침을 숨기고 있기 때문이에요. 물론 사람들이 손으로 잡아서 괴롭힐 때에 쏘지만 말이에요. 설마 여러분이 그러는 건 아니겠죠?

자랑스러운 줄무늬
점박이땅벌Vespula vulgaris

아, 점박이땅벌을 아무도 좋아하지 않는다는 건 저도 잘 알아요. 가끔 침을 쏠 때가 있기 때문이죠. 아주 드물지만 말이에요. 여러분은 어떻게 생각하는지 모르겠지만, 저는 점박이땅벌의 줄무늬가 아주 예뻐요. 가늘고 긴 눈은 하늘을 나는 작은 요정을 생각나게 해요. 점박이땅벌이 꽃의 수분을 돕고, 애벌레를 먹이려고 파리나 송충이 같은 해충을 잡는 걸 알고 있나요? 그런 사실을 모두가 안다면, 아마 아무도 점박이땅벌을 죽이려고 하지 않겠죠? 쳇, 저도 그게 꿈같은 일이란 것쯤은 안다고요.

날개 달린 곤충

물의 요정

별박이왕잠자리 *Aeshna cyanea*

어느 날 아침, 안개가 피어오르는 호숫가에서 별박이왕잠자리가 요정으로 탈바꿈하는 모습을 직접 본 적이 있어요. 물속에 살던 애벌레가 변태를 거쳐 아름다운 어른벌레가 되는 광경을 다른 말로는 표현하지 못하겠어요. 언젠가 여러분도 그런 멋진 광경을 직접 보게 되면 제 말을 이해할 수 있을 거예요. 그날 아침, 회색빛의 애벌레가 풀을 타고 물 밖으로 기어 나왔어요. 애벌레가 꿈쩍도 하지 않는 사이에 등이 쩍 갈라지더니, 그 안에서 날개가 달린 큰 요정 같은 잠자리가 태어났어요. 격자무늬가 새겨진 잠자리의 큰 날개가 보이나요? 수없이 갈라진 큰 눈으로는 사방을 볼 수 있어요.

푸르스름한 폭격기

검정파리 *Calliphora vomitoria*

아, 탱글탱글한 검정파리가 윙윙거리는 소리란. 그 소리를 들으면 시골에서 보냈던 여름 방학이 생각나요. 열린 문으로 날아들던 파리들. 웡~ 파리는 집 안에 들어와 뭘 찾는 걸까요? 우리가 낮잠 잘 때 함께 있어 주려는 걸까요? 그렇지는 않을걸요? 아마 더듬이로 음식을 찾아내서 '여기에 알을 낳거나 먹이를 빨아들일 수 있겠군.' 하고 생각하겠죠. 하지만 파리가 인간을 잘 모르는 것 같네요. 사람들이 가만히 있을 리 없는데 말이에요. 파리채가 나타나면 파리는 알을 낳을 다른 장소를 찾거나 꽃의 꿀을 빨아 먹으러 떠나요. 돋보기가 없어도 검정파리의 푸르스름한 등과 두 날개가 보이죠? 검정파리가 귀여워 보이는 건 저뿐인가요?

27

날개 잃은 곤충

우리 주위에는 날개 없는 곤충도 많아요. 하지만 거미나 지네, 게와 구별되는 곤충의 특징은 여섯 개의 다리와 날개를 가지고 있다는 거예요. 그런데 진화의 미로 속에서 날개를 잃어버린 곤충이 있어요. 처음부터 날개가 아예 없는 곤충도 있고요. 다 자라지 않은 곤충도 아직은 날개가 없답니다.

충신

일개미 Formicidae

개미에게 달린 날개 이야기는 도통 이해가 가지 않더라고요. 저는 날개 달린 개미가 따로 있는 줄 알았어요. 그런데 개미 전문가 얘기를 들어 보니 그렇지 않더군요. 여러분도 저처럼 개미 전문가가 쉽게 설명해 주는 것을 잘 들어 보세요. 가장 흔히 볼 수 있는 일개미는 날개가 없어요. 태어날 때도 없고, 죽을 때도 없죠. 자, 여기서부터 복잡해진답니다. 개미집에서는 일 년에 한 번씩 날개 달린 개미들이 태어나요. 이 개미들은 다른 개미들과 조금 달라요. 몸집도 더 크고요. 또 암컷과 수컷이 있어서 생식*을 할 수 있어요. 지금까지 이해가 잘 되었나요? 그렇다면 다행이에요. 왜냐하면 전문가들은 어떻게 날개 달린 개미들이 태어나서 짝짓기를 하고 새로운 개미 무리를 만드는지 다 이해하지 못했거든요. 풀리지 않는 수수께끼예요.

*생식 : 생물이 자기와 닮은 개체를 만들어 종족을 유지하는 것을 말해요.

털보 개미

개미벌 Mutillidae

개미벌은 개미가 아니에요. 날개 없는 말벌의 일종인 개미벌은 개미의 사촌뻘이랍니다. 맞아요, 우리가 자주 보는 까맣고 노란 벌과는 하나도 닮지 않았죠. 별로 알려지지 않은 개미벌을 여러분에게 보여 주는 이유는 우리가 곤충에 대해서 얼마나 모르는 게 많은지 깨달았으면 해서예요. 프랑스에만 8,000종의 벌이 사는 걸 알고 있나요? 개미벌은 날개가 없고 벨벳처럼 부드러운 털로 덮여 있어요. 하지만 개미벌을 만지면 따가운 침에 쏘이고 말 거예요.

육상 선수

멋쟁이딱정벌레 Carabus violaceus

풀숲 바닥에서 멋쟁이딱정벌레를 발견하면 저는 사냥개로 돌변해요. 그 자리에 멈춰 서서 눈을 떼지 않고 잡을 생각만 하거든요. 하하, 먹으려고 잡는 게 아니에요. 손가락으로 조심스럽게 잡아서 주위 사람들에게 보여 주려는 것뿐이죠. 멋쟁이딱정벌레의 반응은 아주 재미있어요. 이 딱정벌레는 몸집이 클 뿐만 아니라 햇빛을 받으면 몸이 아름다운 푸른빛 혹은 보랏빛을 띠거든요.
멋쟁이딱정벌레를 잡고 싶다면 두 가지를 꼭 기억해요. 손가락이 물리지 않도록 조심하고, 재빠르게 움직여야 한다는 것 말이에요. 잠깐만 방심해도 멋쟁이딱정벌레는 후다닥 달아나서 숨어 버릴 테니까요.

패션모델

곤충의 날개는 등을 거의 다 덮고 있어서 눈에 띌 수밖에 없어요. 큰 날개, 작은 날개, 형형색색의 날개, 꼭꼭 숨겨 둔 날개 등 모습도 제각각이죠. 때로는 벽지나 옷처럼 곤충의 털을 덮기도 해요. 저는 곤충을 중세 시대의 기사나 패션모델로 소개하는 게 꿈이었어요. 곤충의 날개가 용감무쌍한 영웅이 입는 망토를 생각나게 하니까요. 여기는 길을 걷다가 우연히 마주칠 수 있는 곤충의 날개를 전시한 곳이랍니다.

아름다운 신부
분홍뒷날개나방 Catocala nupta

나방이 참 아름답지요? 하지만 그걸 아는 사람은 많지 않답니다. 분홍뒷날개나방은 날개를 접고 있을 때에는 거의 보이지 않아요. 마치 투명 망토를 입고 있는 것처럼요. 가까이 다가가서 나방을 도망가게 하는 사람만이 꽁꽁 숨겨진 분홍색 날개를 볼 수 있어요. 분홍뒷날개나방은 펄쩍 날아오르면서 분홍색 날개로 우리에게 겁을 주려고 하죠. 물론 저는 무섭지 않지만, 나방을 잡아먹는 동물들은 이 비장의 무기에 깜짝 놀라서 나방을 놓치고 마나 봐요. 프랑스에서는 이 나방을 '신부'라고 불러요. 아름다운 날개 때문에 그렇게 지어 줬나 봐요. 좀 부러운걸요?

망토 걸친 영웅
톱갈색박각시 *Mimas tiliae*

톱갈색박각시는 양 갈래 망토를 걸친 곤충 나라의 슈퍼히어로일 거예요. 그래서인지 며칠 전 이 전시실에 들어왔던 꼬마 관람객은 이 나방이 '지나치게 눈에 띈다'고 하더군요. 하지만 톱갈색박각시는 눈에 띄고 싶은 생각이 전혀 없어요. 오히려 잘 안 보이는 나무에 스파이더맨처럼 꼭 붙어서 조용히 숨죽이고 있는 걸 좋아하죠. 톱갈색박각시를 보고 싶다면 피나무를 찾아보세요. 피나무는 톱갈색박각시 애벌레가 가장 좋아하는 먹이거든요. 저라면 이 나방을 귀찮게 하지 않을 거예요. 나방의 가족 중에는 슈퍼히어로가 많으니까요. 여행자의 전시실에 있는 해골박각시나방처럼 말이에요.

낡은 커튼
불나방 *Arctia caja*

이 나방을 보고 "거북의 등딱지 같아요!"라고 하면서 놀라는 사람도 많아요. 날개의 모양만 보면 낡은 커튼 천이나 벽지가 생각나요. 그렇지 않나요? 이 나방을 뭐라고 불러야 할지 모르겠어요. 좋은 생각이 있으면 여기에 써 줄래요? 제가 나중에 볼게요. 이 나방의 애벌레를 보지 못해서 아쉽네요. 가시털이 수북한 고슴도치 새끼처럼 생겼거든요.

우아한 귀족

조심해요! 이 전시실은 박물관에서 가장 훌륭한 표본을 모아 둔 곳이거든요. 나비를 좋아하는 사람들이 보기에는 그래요. 여기에는 몸을 다 가릴 정도로 큰 날개를 가진 아름다운 나비들이 모여 있어요. 날개가 하도 커서 위에서 내려다보면 마치 발이 없는 것처럼 보여요. 하지만 다른 곤충들과 마찬가지로 이 나비들도 다리가 여섯 개랍니다. 아, 몇몇은 빼고요.

박쥐

큰공작나방 Saturnia pyri

눈을 크게 떠 봐요. 유럽에서 가장 큰 나방을 소개할 테니까요. 밤에 마당에서 큰공작나방을 보면 나방이 아니라 박쥐가 날아다닌다고 착각할 정도예요. 가끔 이 나방은 불빛에 이끌려 집 안으로 들어오기도 해요. 제 친구는 겁을 내며 신문지를 말아서 들어온 나방을 잡으려고도 했어요. 괴물이 나타난 줄 알았다나요? 다행히 제가 나서서 제때에 친구를 말렸죠. 휴! 이 매력적인 나방을 구할 수 있어서 정말 좋았어요. 큰공작나방은 도시에서 조용히 날아다니다가 애벌레가 조용히 갉아 먹고 있는 나무로 돌아간답니다.

신비로운 행성

번개오색나비 *Apatura iris*

이 나비의 날개를 잘 관찰해 봐요. 날개가 다 다르거든요. 푸르스름한 보랏빛을 띤 날개가 있는가 하면 검거나 갈색인 날개도 있어요. 마치 우주의 행성처럼 신비롭죠. 이것은 두 가지 사실을 알려 줘요. 첫째, 이 나비가 수컷이라는 거예요. 암컷의 날개는 이런 빛이 나지 않거든요. 두 번째는 우리의 시각이 속았다는 거예요. 푸르스름한 보랏빛은 사실 없거든요. 우리가 본 건 날개에 반사된 빛이랍니다. 물리학과 색채에 대해서 알아야 이해할 수 있는 것이라 여기에서 다 설명할 수가 없네요. 가장 좋은 방법은 밖으로 나가서 번개오색나비를 찾는 거예요. 그러면 직접 날개를 관찰할 수 있으니까요. 아마 깜짝 놀랄걸요?

우아한 귀족

투명 인간

앵글셰이드 *Phlogophora meticulosa*

이번에는 제가 아주 좋아하는 나비를 소개할게요.
나비의 색을 잘 들여다봐요. 위대한 화가가 그린 그림처럼
아름다운 무늬가 있어요. 어쩌면 화가들이 이 나비를
보고 영감을 받아서 그런 그림을 그린 게 아닐까요?
답을 생각하면서 앵글셰이드의 모양과 무늬를 잘 살펴봐요.
이 모양과 무늬가 포식자의 눈에 띄지 않게 해 주는 방법이에요.
맞아요, 아름답기도 한 앵글셰이드의 모습은 말라 가는
낙엽과도 닮았어요. 정말 대단한 나비죠?

맛없는 곤충

선명한 색, 반짝거리는 반사광, 눈에 잘 띄는 무늬 때문에 포식자의 레이더에 걸리는 곤충이 많아요. 물론 야생에서는 포식자의 눈에 띄지 않는 것이 좋아요. 그렇다면 이 곤충들은 왜 그렇게 눈에 잘 띌까요? 몸에 독을 품고 있기 때문이에요. 의심 많은 포식자는 이런 곤충을 포기하고 다른 먹이를 찾아 떠날 거예요. 경계색*을 띠는 곤충들, 정말 훌륭하죠?

신맛

진홍나방 Tyria jacobaeae

이 나방은 들꽃을 따서 꽃다발을 만들다가 처음 발견했어요. 더 정확히 말하면 나방의 애벌레를 본 것이지만요. 검은 줄무늬가 있는 노란 튜브처럼 생긴 애벌레는 징그러웠어요. 어렸을 때에는 저도 애벌레를 좋아하지 않았어요. 특히 털이 났거나 줄무늬가 있는 애벌레는 질색이었죠. 그래도 애벌레를 먹지 않아도 되니 다행이에요. 불쌍한 새들은 애벌레를 먹느라 배가 아프기도 하거든요. 처음에는 애벌레의 신맛을 잘 느끼지 못한답니다. 신맛은 애벌레가 먹은 개쑥갓이라는 독이 있는 풀에서 나와요. 배가 아팠던 참새는 애벌레의 색을 잘 기억해 두었다가 다음에는 먹지 않아요. 어른벌레는 핏자국처럼 붉은 무늬가 있는 아름다운 날개를 지녔답니다.

* 경계색 : 주변 환경에 비해서 눈에 띄는 색이나 모양을 지닌 동물의 몸 빛깔을 말해요. 자신이 독성을 지녔거나 위험한 동물이라는 것을 적에게 경고해서 스스로를 보호하는 수단이라고 볼 수 있어요.

화학 무기

점박이나방 Zygaena filipendulae

앗, 조심해요! 겉모습은 아름답지만 몸속에 독을 품고 있는 나방이니까요. 그래서 포식자들은 선명한 색을 가진 먹잇감을 의심해요. 그럴 만도 하죠? 점박이나방은 공격을 당하면 시안화물이 든 액체를 분비해요. 화학 무기라니 믿어지나요? 붉은 점이 박힌 검은 점박이나방을 보면 영화 속에 나오는 비밀 요원을 보는 것 같아요.

독이 든 핏방울

칠성무당벌레 Coccinella septempunctata

예쁘다는 건 인정해요. 어쨌든 관람객들이 가장 좋아하는 곤충이 칠성무당벌레니까요. 동글동글한 몸 때문일까요? 붉은색이나 점 때문일까요? 아니면 그 모든 것이 이유일까요? 칠성무당벌레가 얼마나 인기가 많은지 몰라요. 사람들이 마당에서 함께 살고 싶어 하는 곤충으로는 큰 나비들을 빼면 아마 칠성무당벌레가 유일할 거예요. 하지만 혹시라도 톡 깨물어 보고 싶다면 조심해요. 고약한 냄새를 풍기는 노란 액체를 뿜어낼 테니까요. 어떤 포식자라도 퉤퉤 내뱉고 도망가 버릴걸요.

맛있는 곤충

곤충, 새, 도마뱀, 인간이 먹을 수 있는 맛있는 곤충이 많아요. 지구에 사는 많은 동물과 식물이 곤충을 먹고 살아요. 곤충이 없다면 새와 도마뱀은 살아갈 수 없을 거예요. 인간도 1,200종이나 되는 곤충을 먹는답니다. 유럽에서는 여러 가지 이유로 얼마 전부터 곤충을 먹지 않아요. 하지만 곤충의 사촌뻘인 새우, 게와 같은 갑각류는 먹죠. 굴, 홍합, 달팽이, 암소도 먹는데 귀뚜라미라고 먹지 말라는 법이 있나요? 우리가 고기를 덜 먹는다면 공간과 물, 에너지를 절약할 수 있을 거예요. 자, 곤충이 식량이 되는 세계로 들어갈 준비가 되었나요?

심심풀이 땅콩

밀웜 *Tenebrio molitor*

첫 시식은 가볍게 하자고요. 자, 갈색거저리의 애벌레인 밀웜을 먹어 봐요. 처음부터 싫다고 하지 말고, 밀웜을 구워서 소금을 쳐요. 곤충이라기보다는 구운 땅콩과 더 비슷하게 생기지 않았나요? 그래서 기르기도 쉽고 요리하기도 쉬운 밀웜으로 곤충을 처음 먹기 시작하는 사람이 많아요. 하나, 둘, 셋, 꿀꺽.

육지 새우

메뚜기 *Acrididae*

야생에서도 곤충을 먹는 게 가능해요. 다른 사람들도 먹는데 우리라고 못하라는 법이 있나요?
어려운 환경에서 살아남아야 한다고 상상해 봐요. 그런 조건에서는 토끼보다 메뚜기를 잡는 게 훨씬 쉬워요. 살아남기 위해 연습을 한다고 생각해요. 그러면 작은 메뚜기로 시작할 수 있어요. 새끼 메뚜기나 크기가 작은 종으로 말이에요. 입맛이 까다로운 사람은 날개를 떼어 내면 돼요.
메뚜기를 괴롭히고 싶지 않다면 한입에 꿀꺽 삼키는 게 좋아요. 메뚜기는 풀 맛이 나기도 하고 새우 맛이 나기도 해요. 천연 영양 보충제가 따로 없다니까요?
물론 메뚜기를 살려 주고 싶다면 말리지는 않을게요.

새콤한 사탕

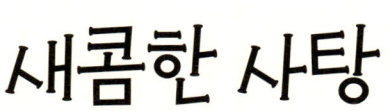

고동털개미가 몸을 보호하려고 신맛이 나는 화학 물질을 분비한다고요? 그렇다면 직접 확인해 봐요.
우선 개미집을 찾아요. 돌을 들어 올리면 찾을 수 있을 거예요. 그런 다음 개미집을 들추어 알 뭉치를 찾아요. 그곳에는 애벌레와 흰 번데기가 있어요. 용기가 난다면 몇 개를 집어서 맛을 보아요. 신맛이 약하게 느껴지나요?
야생에서 직접 먹어 볼 용기가 있다면 알게 될 거예요.

무단 침입자

지하실에서 창고까지, 우리가 사는 집 구석구석에 들어와 사는 네 무리의 작은 동물들을 소개할 시간이에요. 바로 곤충류, 거미류, 다족류, 갑각류랍니다. 이 동물들은 서로 아주 많이 닮았지만, 아주 다르기도 해요. 우리 주변에서 쉽게 만날 수 있으니까 더 잘 알 수 있는 기회가 될 거예요. 너무 무서워하지는 말아요. 이 동물들은 우리의 친구니까요.

착한 집 벌레

딱정그리마 *Scutigera coleoptrata*

해마다 여름이 되면, 다리가 많이 달린 벌레가 뭔지 묻는 전화나 메시지를 많이 받아요. 이 벌레는 개수대나 욕조에서 자주 발견되곤 하죠. 저는 박물관 입구에 이렇게 써 놓고 싶을 지경이랍니다. "딱정그리마는 해가 없는 다족류입니다. 집에서 살기를 좋아하고 쥐며느리, 바퀴벌레, 거미 등 작은 벌레를 잡아먹습니다." 이렇게 써 두면 사람들이 딱정그리마를 안 괴롭히지 않을까요? 언젠가 딱정그리마도 누구의 방해도 없이 집 벌레의 삶을 살아갈 수 있을까요?

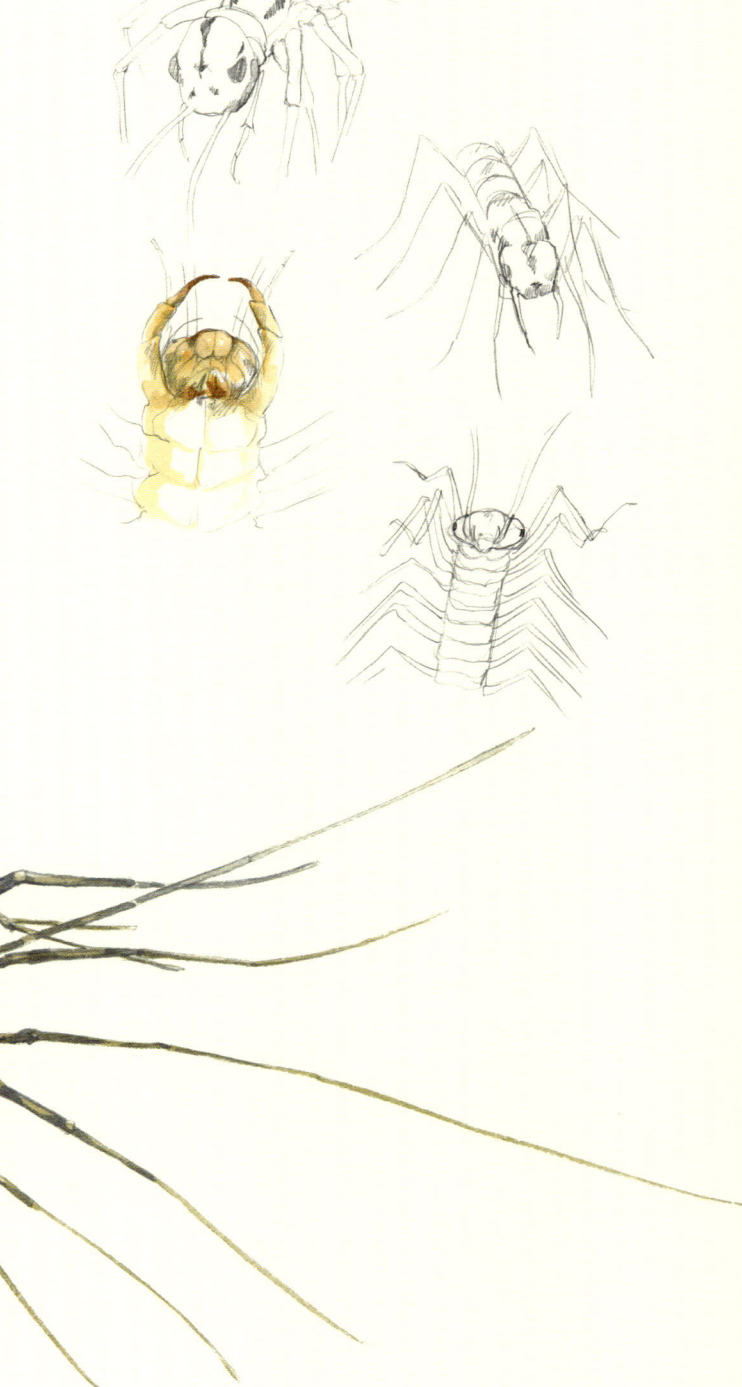

공중 곡예사

집파리 *Musca domestica*

왱……. 여름에 집 안에서 공중 곡예사가 지나갈 때 내는 소리예요. 집파리를 잡아 보려 한 적 있나요? 정말 빠르죠? 파리는 공중으로 뛰어오르면서 난다고 해요. 때로는 공중에서 돌기도 하고요. 그 모습을 맨눈으로는 볼 수 없고 카메라로 찍어서 느리게 돌려 봐야 해요. 안타깝게도 지금 저에게는 카메라가 없네요. 제 두 눈으로는 집파리가 바닥에 떨어진 액체를 빨아 먹고 있는 모습 정도만 볼 수 있어요. 파리 전문가들은 집파리가 남은 고기같이 버려진 음식이나 죽은 쥐의 몸에 알을 낳으려 한다고 말해요. 알에서는 애벌레인 구더기가 나와서 썩은 고기나 쥐를 모조리 먹어 치운답니다.

무단 침입자

털북숭이

집가게거미 *Tegenaria domestica*

거미를 좋아하지 않는 사람에게는 안 됐지만, 집가게거미는 유럽에서 사는 가장 큰 거미들 중 하나로 집에 살아요. 갈색 몸에는 털이 북슬북슬 나 있고 다리도 길어서 거미를 무서워하는 사람들이 특히 싫어할 만도 해요. 친구들 부탁으로 거미를 잡아 집 밖으로 던져 버린 적이 셀 수 없이 많아요. 제가 나서지 않았더라면 친구들은 아마 거미를 아무 생각 없이 밟아 죽였을 거예요. 저는 거미보다 곤충에 대해서 더 잘 알지만, 거미가 인간을 괴롭히지 않는다는 사실은 알고 있어요. 거미는 거의 일 년 내내 거미집에서만 머물거든요. 가을이 되면 수컷만 집을 떠나 암컷을 찾아다닌답니다. 운이 없으면 욕조에 떨어져서 빠져나오지 못하기도 해요. 그런 거미를 본다면 저처럼 살려 줄래요?

43

여행자

동물이 철따라 이동하는 수수께끼를 풀 수 있다면 얼마나 좋을까요?
곤충도 이동을 해요. 새나 큰 포유동물처럼 먼 거리를 여행하는 곤충도 많죠.
여행길은 5,000킬로미터에 이를 때도 있어요. 살기 가장 좋은 조건을 찾으려는 곤충의
열정을 막을 것은 아무것도 없답니다. 다채로운 풍경이 있는 이 전시실에서 잠깐
여행을 떠나 봐요.

바람의 공주

작은멋쟁이나비 *Vanessa cardui*

이 나비를 잘 보고 기억 속에 저장해 봐요. 지구에
가장 널리 퍼져 있는 곤충 중 하나이니까요. 바람을
가르는 돛단배 같은 이 나비는 남아메리카를 제외한
모든 곳에 살고 있어요. 태어난 곳에서 5,000킬로미터나 떨어진
곳까지 날아갈 수 있거든요. 진짜예요. 예를 들면 작은멋쟁이나비는
아프리카의 말리나 알제리에서 유럽으로 날아와요. 유럽에서 태어난
어린 나비는 아프리카로 날아가고요. 그래야 겨울에 얼어 죽지
않거든요. 나비의 여행을 도와주는 건 바람이에요.
또 나비에게는 좋은 환경을 찾아갈 수 있는 능력이 있답니다.
참 위대한 이야기 같지 않나요?

모사꾼

해골박각시나방 Acherontia atropos

등에 그려져 있는 해골이 보이나요? 사실 진짜 해골은 아니지만 정말 비슷해 보여요.
그래서 옛날 사람들은 이 나방을 두려워했어요. 과학자들은 지옥의 강인 아케론과 관련해서 나방의 이름을 지을 정도였죠. 믿기지 않지요? 그런데 저는 이 나방이 곰 인형처럼 보여요. 몸을 덮은 털 때문에 말이에요. 두꺼운 털 덕분에 꿀을 빨아 먹으려고 벌집에 들어갈 때 벌이 쏘아도 괜찮아요. 이 나방도 인간처럼 꿀을 훔쳐 먹어요. 해골박각시나방을 이 전시실에 전시한 것은 북아프리카에서 태어나서 지중해를 건너오기 때문이에요. 하지만 유럽의 시골은 춥기 때문에 오래 머물지는 못해요. 지구 온난화 때문에 앞으로 이 희한한 나방을 좀 더 자주 볼 수 있을지도 모르겠네요. 기회가 되면 해골박각시나방 애벌레를 보고 싶어요. 자연의 신비 그 자체니까요.

지중해 왕복선

붉은제독나비 Vanessa atalanta

위대한 여행자를 하나 더 소개할까요?
이 곤충은 일 년에 한 번씩 지중해를 오가요. 짐작했겠지만 이 곤충도 모든 사람들에게 아름답다고 사랑받는답니다. 바로 나비이기 때문이죠. 특히 검은 바탕의 날개에 선명하게 보이는 붉은 띠 때문이 아닐까요? 그건 마치 군대 장교가 두르는 견장처럼 보여요. 제가 어릴 적 영어를 공부하기 시작했을 때, 영국 사람들이 이 나비를 '붉은 제독'이라고 부르는 걸 알게 됐어요. 견장을 두른 해군 장교를 말하는 걸까요? 아무튼 그 장교도 바다를 건너겠죠? 유럽의 기온이 올라간 이후로 붉은제독나비는 가을에 아프리카로 더 많이 날아가요. 겨울을 날 수 있는 프랑스 남부에서도 자주 보이고요. 이 나비를 집 마당에서 볼 수 있는 방법은 간단해요. 애벌레가 먹는 쐐기풀을 심으면 되거든요. 하지만 부모님이 싫어하겠죠?

따라쟁이

서로 다르지만 닮은 동물이 있다는 말을 많이 들어 봤을 거예요. 하지만 그건 포유동물이나 조류 같은 큰 동물 얘기예요. 그래도 곤충이 큰 동물보다 지구에 더 먼저 나타났으니까 형님이겠지요?

두더지

유럽땅강아지 *Gryllotalpa gryllotalpa*

저는 유명한 곤충학자를 따라 아프리카 오지에 갔다가 이 놀라운 곤충을 만났어요. 두더지랑 똑같이 생긴 곤충이었어요. '이게 어떻게 가능하지?' 하는 생각이 들었죠. 곤충이 이렇게 다양한지 몰랐거든요. 그러니 얼마나 놀랐겠어요? 유럽땅강아지의 커다란 발은 신기하게도 땅을 팔 수 있는 두더지의 발처럼 생겼어요. 그때 이후로 아주 다른 동물들이 진화를 하면서 서로 닮아갈 수 있다는 사실을 알았죠. 예를 들자면 상어와 송어, 제비와 칼새가 서로 닮았어요. 유럽땅강아지와 두더지도 마찬가지고요. 두 동물 모두 땅을 파고 땅속에 들어가 먹이를 먹거든요. 여러분은 어떤 동물을 닮았나요?

46

꼬마 들소

버팔로트리호퍼 Stictocephala bisonia

들소가 어떤 동물인지 아나요? 소의 야생 사촌인 들소는 몸집이 크고 아름다워요. 8세기까지 프랑스에서도 살았어요. 지금은 유럽의 마지막 서식지인 폴란드에서만 볼 수 있어요. 그런데 곤충 중에도 아직까지 유럽의 들판에 살고 있는 들소가 있어요. 아마 봐도 믿지 못할걸요? 풀대에 붙어 있는 이 꼬마 들소는 장미 가시 같은 뿔도 나 있답니다. 아니면 제가 잘못 본 걸까요? 뿔이 두 개 달린 버팔로트리호퍼는 들소로 변장을 잘해요. 주변에서 잘 찾아봐요. 비슷한 곤충인 진딧물이나 매미처럼 흔히 볼 수 있으니까요.

따라쟁이

전갈

밑들이 *Panorpa sp.*

며칠 전에 제 손자가 묻더군요. "이 벌레 물어요?" 밑들이를 알고 나서부터 저는 밑들이가 사람들의 관심을 받지 않는 때가 없다는 걸 알았죠. 특히 붉은 전갈 꼬리 때문에 말이에요. 사람들은 항상 똑같은 질문을 하곤 해요. "정말 물릴 것 같아요. 날아다니는 전갈이 아닌 게 확실한가요?" 자, 우선 알다시피 전갈은 날개가 없어요. 그리고 붉은 꼬리처럼 생긴 것은 수컷의 생식 기관일 뿐이에요. 그러니까 전쟁이 아니라 사랑하는 데 쓰이는 거죠. 손을 내밀어 밑들이가 올라오게 해 봐요. 겁이 많지 않은 곤충이라서 관찰하기 쉽답니다. 가까이에서 살펴보면 아주 놀라워요.

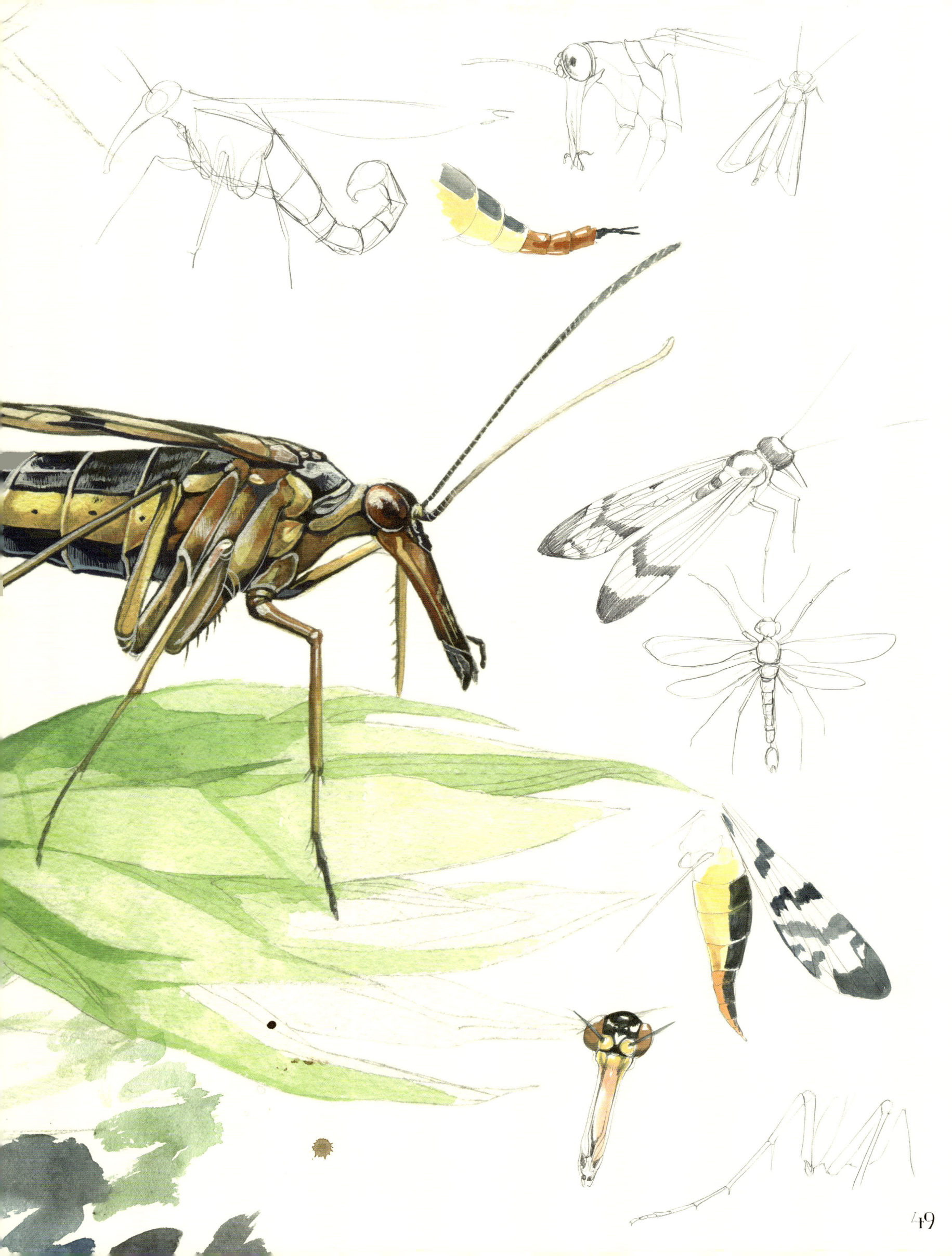

49

무리를 짓는 곤충

자, 이제 우글거리는 벌레 전시실에 왔어요. 한곳에 수많은 벌레가 모여 있으니 무섭고 징그럽게 느껴질 수도 있답니다. 대부분의 곤충들은 해롭지 않지만 간혹 무리를 보호하려고 물기도 해요. 그러니 날개나 털이 있는 곤충의 집은 건드리지 않는 것이 좋아요. 혹시 모르니까요. 다른 곤충들은 돋보기를 꺼내서 관찰하면 재밌게 구경할 수 있을 거예요.

칙칙폭폭 기차놀이

행렬털애벌레 *Thaumetopoea pityocampa*

조심해요. 털이 난 애벌레 중에서 유일하게 사람을 무니까요. 이 벌레들은 형제자매랍니다. 어른벌레가 될 때까지 서로 절대 떨어지지 않고 어린 시절을 함께 보내지요. 커다란 고치에서 태어난 애벌레는 나뭇잎을 갉아 먹고 살아요. 그리고 기차처럼 한 줄로 길게 늘어서서 애벌레의 삶에서 어른벌레의 삶을 향해 나아가지요. 사람들의 행렬과 비슷하다고요? 이건 행렬털애벌레가 서로 앞뒤에 서서 걸어가는 행렬이라니까요. 정말 인상적이지 않나요? 이 벌레들은 나무를 오르내리기도 하고, 들어갈 만한 땅 밑 장소를 찾아다닌답니다. 가까이 다가갈 수 없어서 아쉬워요. 따끔한 털이 독화살과 비슷하거든요.

51

무리를 짓는 곤충

달콤한 꿀

양봉꿀벌 *Apis mellifera*

이 곤충은 소개할 필요도 없을 것 같군요. 텔레비전과 라디오에 자주 나올 정도로 잘 알려진 곤충이니까요. 참, 인터넷에도 많이 나오고요. 양봉꿀벌은 왜 이렇게 인기가 많을까요? 그건 아마 양봉꿀벌의 집단생활이 신기하기도 하고, 양봉꿀벌 덕분에 꿀, 밀랍, 꽃가루를 얻을 수 있기 때문일 거예요. 또 우리가 양봉꿀벌에 대해서 자주 이야기할 수밖에 없는 것은 양봉꿀벌을 비롯해 수분을 도와주는 곤충들이 점점 더 줄어들고 있기 때문이에요. 이런 곤충들이 사라지면 꽃은 열매와 채소로 변할 수 없거든요. 호박과 가지도 열매랍니다. 그런 열매들이 사라지면 우리의 식탁도 텅 비겠지요?

아프리카 가면

별노린재 *Pyrrhocoris apterus*

이번에도 여러분이 잘 아는 곤충이랍니다. 어디에서나 볼 수 있을 뿐만 아니라 멀리서도 눈에 잘 띄는 별노린재예요. 수백 마리의 별노린재는 굵은 피나무 밑동에 모여 있기도 해요. 그러면 나무가 붉은 옷을 입은 것처럼 보이지요. 저도 피나무 밑에 앉으려다가 깜짝 놀라서 뒤로 물러난 적이 있어요. 마치 별노린재의 빨간색에 깜짝 놀란 포식자처럼 반응한 거지요. 이 선명한 빨간색이 정말 의심스럽거든요. 앞에서 봤겠지만 무당벌레도 똑같은 방법으로 자신을 보호해요. 몸 색깔로 독을 품고 있다는 신호를 보내는 것이죠.
제가 별노린재를 좋아하는 이유는 거꾸로 보면 사람 얼굴처럼 보이기 때문이에요. 커다란 두 눈이 눈물을 흘리는 것처럼 보여요. 여러분도 울고 있는 가면이 보이나요?

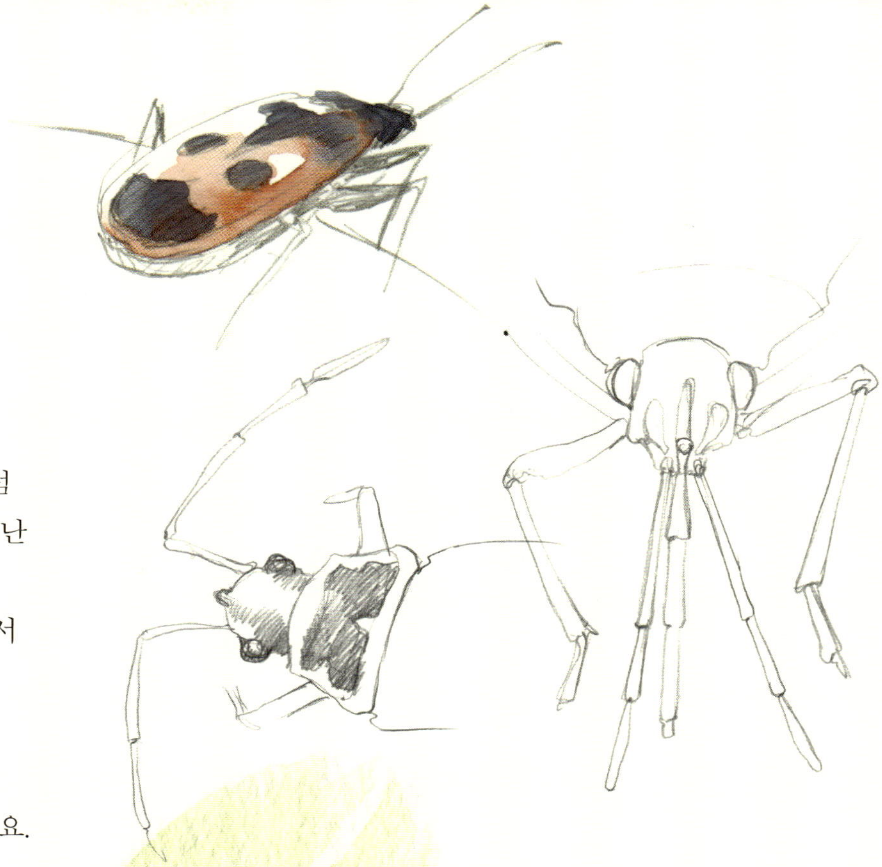

하늘을 나는 용

이 전시실은 영국인들이 '드래곤플라이'라고 부르는 이 곤충에게 통째로 내줄 수밖에 없었어요. 바로 잠자리랍니다. 과학자들은 잠자리가 하늘과 물을 호령하는 큰 포식자라서 '날카로운 이빨을 가진 턱'이라고 불러요. 잠자리가 날거나 헤엄을 치면 주위에 있던 벌레들은 모두 그 힘에 영향을 받지요. 물론 몸이 작고 가는 잠자리도 있지만, 그런 잠자리도 포식자이기는 마찬가지예요. 이 전시실과 어린 잠자리들이 사는 물가에서 멋진 광경을 감상해 보자고요.

우울한 용

리벨룰라데프레사 *Libellula depressa*

아니에요, 이 잠자리는 우울하지 않아요. 과학자들이 말하는 '데프레사'는 우울하다는 뜻이 아니라 '위에서 아래로 눌리다'라는 뜻이거든요. 잠자리의 옆모습을 잘 보아요. 배가 눌린 것처럼 조금 납작하지요? 날아가는 모습을 보면 지그재그로 왔다 갔다 하면서 힘차게 날기 때문에 기분이 좋아 보여요. 게다가 리벨룰라데프레사는 사람을 무서워하지 않아서 마당에 잘 놀러 온답니다. 그래서 박물관 마당에 연못을 만들어 놓은 거예요. 혹시 들어올 때 보았나요?

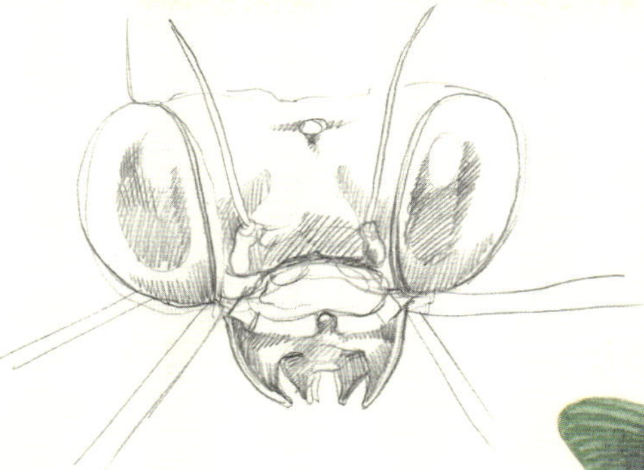

아름다운 날개
물잠자리 Calopteryx virgo

'아름다운 날개'는 제가 붙인 별명이 아니에요. 라틴어 '칼롭테릭스'를 번역한 것뿐이지요. 하지만 물잠자리의 날개가 아름답다는 생각은 여러분이나 저나 같을 거예요. 물잠자리가 나는 모습을 보면 마치 윙크를 하는 것 같아요. 자신의 아름다운 자태를 봐 달라는 신호인가 봐요. 저는 시골 외딴 곳에 흐르는 맑은 시냇가에서 물잠자리를 처음 보자마자 그 매력에 푹 빠졌답니다. 물잠자리의 윙크는 저만을 위한 것이었을까요?

붉은 사프란
주홍잠자리 Crocothemis erythraea

예쁜 잠자리죠? 왠지 모르게 저는 붉은색을 띤 곤충이 좋아요. 얼마 전에 알았는데, 주홍잠자리가 지구 온난화 때문에 영국에도 산다고 해요. 옛날에는 추위 때문에 살 수 없었거든요. 붉은빛을 띠는 건 수컷이고, 암컷은 노란빛을 띠어요. 워낙 조심스럽게 다녀서 저도 아직까지 본 적이 없답니다. 어쩌면 제가 기억하지 못하는 걸지도 모르지만요.

하늘을 나는 용

풀의 여신

큰붉은실잠자리 *Pyrrhosoma nymphula*

이 잠자리의 프랑스어 이름은 '붉은 몸을 가진 작은 요정'이에요. 누가 지었는지는 모르지만 아마 큰붉은실잠자리를 사랑하는 사람이었나 봐요. 이 전시실에서 큰붉은실잠자리를 소개하는 이유는 보통 사람들이 잠자리의 몸은 파란색이나 초록색이라고 생각하기 때문이에요. 저는 큰붉은실잠자리를 만나려고 인적이 드문 곳으로 갔어요. 물 가까이에 있는 풀숲을 조심스럽게 다녀야 했지요. 돌아와서 큰붉은실잠자리를 만났다고 하니 아무도 믿지 않더군요. 하여간 어른들보다 여러분이 벌레와 곤충에 대해서 더 많이 알고 있다니까요.

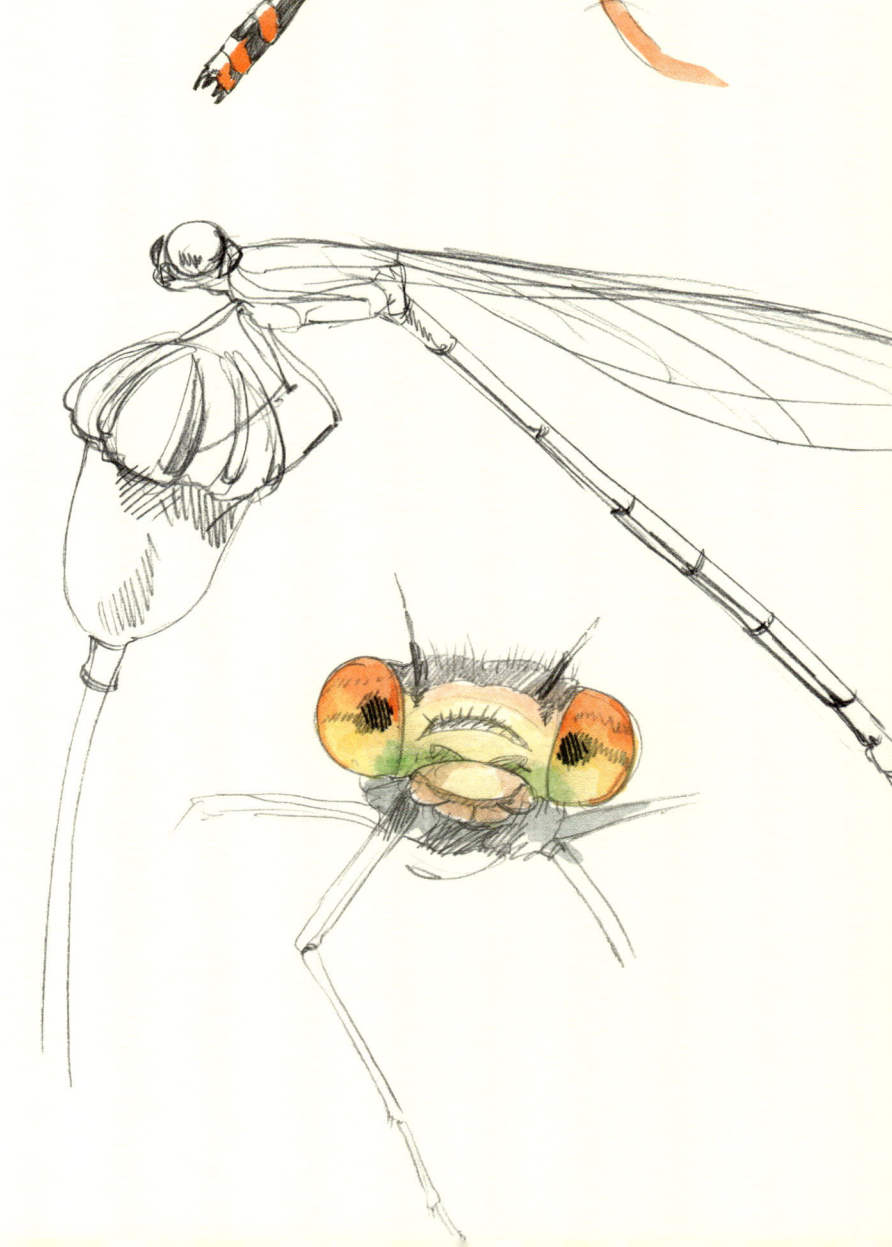

동그란 곤충

이 전시실을 보니 어떤 생각이 들어요? 드디어 여러분이 보고 싶어 하는 동글동글한 곤충을 만날 때가 온 것 같지 않나요? 밭에 가면 동그란 곤충들을 자주 볼 수 있어요. 동글동글한 곤충들은 왠지 착할 것 같아요. 특히 반들반들 윤이 나는 노린재와 딱정벌레는 더 그래요. 이 곤충들은 우리의 환심을 사려는 걸까요? 그렇다면 성공했어요. 그래서 이 전시실을 마련한 거거든요.

피를 토하는 벌레

블러드스퓨어 *Timarcha tenebricosa*

이 곤충은 방해를 받으면 피를 흘리는 버릇 때문에 〈맛없는 곤충 전시실〉에 두었어도 좋았을 거예요. 피를 토하는 곤충을 먹고 싶은 포식자가 어디 있겠어요? 하지만 정말 착하게 생겼기 때문에 동그란 곤충들과 함께 두었답니다. 블러드스퓨어는 정말 착해요. 풀숲에서 발을 하나씩 움직이며 천천히 걸어갈 때면, 그 무엇도 블러드스퓨어를 막지 못하지요. 큰 발을 놓을 때마다 바닥에 딱 달라붙는 것 같다니까요. 그 발을 '발바닥마디' 즉, '척절'이라고 불러요. 저야 공부를 한 사람이니까 이렇게 어려운 이름도 알지만, 사람들은 아마 무슨 말인가 할 거예요. 블러드스퓨어는 딱정벌레의 약간 먼 친척이랍니다.

청동으로 만든 공
니그로버그 Thyreocoris scarabaeoides

이 곤충을 처음 봤을 때 초시류*라는 것을 확신했어요. 저희 할머니는 "노린재다."라고 소리치셨을 거예요. 그런데 할머니 말이 맞아요. 니그로버그는 노린재예요. 거무스름하고 청동빛을 띤 니그로버그는 제비꽃에 많이 살아요. 등에 방패 같은 모양이 보이나요? 이것을 '소순판'이라고 불러요. 이 말을 기억한다면 여러분은 아마추어든 프로든 곤충학자가 될 준비를 다 한 거예요. 이 부위를 '배반'이라고도 부르는데, 다른 곤충에게도 배반이 있지만 니그로버그처럼 크지는 않답니다.

* 초시류 : 날개를 보호하는 딱딱한 겉날개가 있는 곤충을 말해요. 예를 들면 딱정벌레가 있어요.

벌이냐, 파리냐?
빌로오드재니등에 Bombylius major

곤충의 세계를 처음 만난 친구들에게는 이 곤충이 아마 가장 놀라울 거예요. 벌을 닮은 파리거든요. 작은 헬리콥터처럼 꽃 주변을 날아다니면서 꿀을 빨아들이죠. 이 곤충은 꿀벌과 말벌의 땅속 집에 알을 낳아요. 그 애벌레는 꿀벌과 말벌을 잡아먹고요. 어린 곤충학자에게는 이 정도도 많은 정보이겠지만, 곤충의 세계는 병 모양처럼 생긴 이 파리와 같이 놀라운 일로 가득하답니다.

자, 그럼 오늘은 이쯤에서 박물관 구경을 마치도록 하죠. 다음에 또 봐요.

찾아보기

개미벌	29	소금쟁이	11
검정파리	27	송장헤엄치개	11
고동털개미 애벌레	39	쇠똥구리	15
그린타이거비틀	22	스페인달나방	17
긴뿔하늘소	16	앵글셰이드	34
꽃부니호박벌	25	양봉꿀벌	52
나무결재주나방	9	왕귀뚜라미	14
니그로버그	59	유럽대왕반날개	21
딱정그리마	40	유럽땅강아지	46
리벨룰라데프레사	54	유럽사슴벌레	18
말벌	20	일개미	28
매미	15	작은멋쟁이나비	44
멋쟁이딱정벌레	29	잠자리 애벌레	12
메뚜기	39	점박이나방	37
명주잠자리	24	점박이땅벌	25
모기 애벌레	13	주홍잠자리	55
물잠자리	55	진홍나방	36
밀웜	38	집가게거미	42
밑들이	48	집파리	41
배물방개붙이	10	칠성무당벌레	37
버팔로트리호퍼	47	큰공작나방	32
번개오색나비	33	큰녹색수풀여치	15
별노린재	53	큰붉은실잠자리	56
별박이왕잠자리	26	톱갈색박각시	31
북방황나꼬리박각시	8	폭격기딱정벌레	21
분홍뒷날개나방	30	항라사마귀	17
불나방	31	해골박각시나방	45
붉은제독나비	45	행렬털애벌레	50
블러드스퓨어	58	호리꽃등에	9
빌로오드재니등에	59		

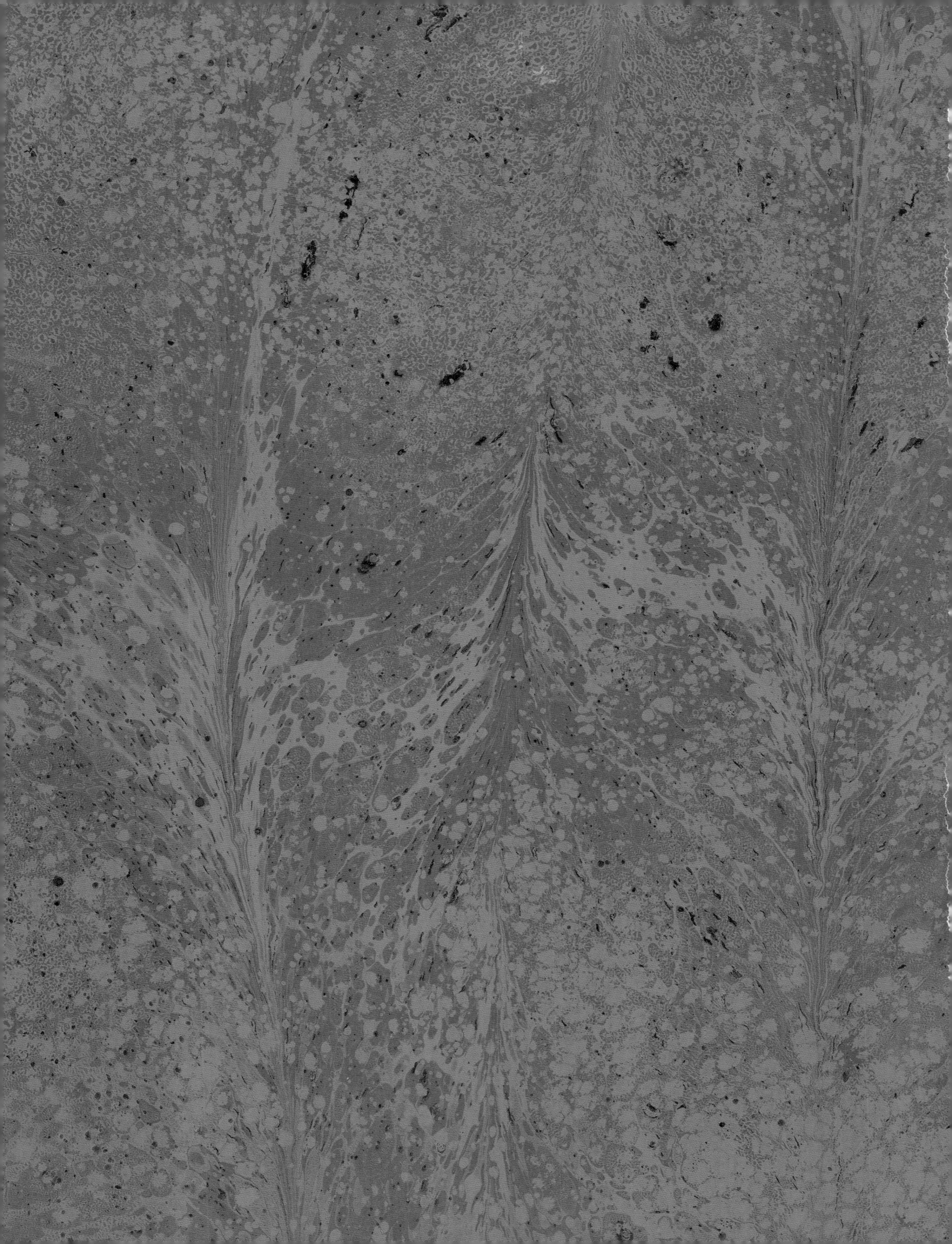